T0286885

SLOW CROCHET

Santa Pazienzia

SLOW CROCHET

12 proyectos a crochet para tejer sin prisa

Editorial Arcopress • Colección Estilo de vida
Edición: Ana Belén Valverde Elices
Diseño y maquetación: Fernando de Miguel
Fotografías de Vanessa Martins

www.editorialalmuzara.com
pedidos@almuzaralibros.com - info@almuzaralibros.com

Editorial Almuzara
Parque Logístico de Córdoba. Ctra. Palma del Río, km 4
C/8, Nave L2, nº 3. 14005 - Córdoba

Imprime: Gráficas La Paz
ISBN: 978-84-11312-17-2
Depósito Legal: CO-1214-2022
Hecho e impreso en España - Made and printed in Spain

A mami.
No estás donde estabas cuando comencé
este libro pero estarás siempre conmigo.

Índice

Prólogo

Desde que comencé a ver el crochet como algo más que un *hobby* he tenido el sueño de escribir un libro.

La primera vez que envié una propuesta a una editorial ni siquiera yo tenía claro qué tipo de libro quería, por lo que es normal que nunca recibiese respuesta: no estaba preparada.

El crochet llegó a mí por casualidad y, poco a poco, fui aprendiendo de manera autodidacta hasta lograr diseñar esos proyectos que quería lucir pero que no encontraba por ninguna parte. Jamás hubiera imaginado que una aguja de ganchillo cambiaría mi vida por completo y que se convertiría, además de en una gran pasión, en mi profesión.

Lo que comenzó como unos sencillos tutoriales en mi blog *Santa Pazienzia*, fueron evolucionando y transformándose en *ebooks*, talleres presenciales, cursos *online* y colaboraciones con grandes marcas de hilos.

En menos de 3 años ya tenía mi empresa montada y contaba con alumnos de más de 50 países que aprendían a tejer con mis patrones y lecciones *online*.

Sin darme cuenta, pasaron 8 años en los que no solté el ganchillo y, tras mucho experimentar, viajar, compartir puntadas con otras amantes del crochet y el diseño y conocer gente maravillosa a través de las redes sociales, entendí qué tipo de libro quería.

Casualidad o no, fue en ese momento cuando me llegó una propuesta formal de publicación y me puse manos a la obra para crear un libro de crochet diferente, que hablase de mí y de mi historia con el ganchillo a través de mis patrones, en definitiva, un libro para mi comunidad crochetera.

Presentación

¿Qué quieres ser cuando seas mayor?

Muchos niños no tienen ni idea de qué contestar o cambian de idea cada vez que les preguntas, pero en mi caso, y desde que recuerdo, yo quería ser maestra.

Lo tuve tan claro que estudié Magisterio en la Universidad y tras 3 años de carrera, me puse a estudiar oposiciones. Me presenté en varias ocasiones a la función pública, pero no tuve suerte así que, tras muchas horas de estudio, decidí cambiar de aires y aparcar mi sueño de ser profesora. La vida me fue llevando de un lado para otro y cada vez me alejaba más de ese propósito, hasta el punto de no volver a plantearme el intentarlo de nuevo.

Pero como todo en la vida pasa por algo, el universo tenía algo especial planeado para mí.

En 2014, un accidente en la nieve me obligó a tomar varias semanas de reposo y se cruzó en mi camino una aguja de ganchillo y un ovillo de trapillo.

Tras ver unos cuantos vídeos en internet, tejí lo que fue mi primer bolso a crochet y decidí compartir el paso a paso de cómo lo había hecho en mi nuevo blog, *Santa Pazienzia*.

Ese bolso llevó a otro y a otro y a otro más y cada vez que diseñaba uno, creaba una especie de patrón muy sencillo que cualquiera podía seguir desde su casa. Tras escribir mi primer *ebook* le llegó el turno a los talleres presenciales y cursos *online*.

Los *workshops* que he impartido en decenas de ciudades han sido sin duda lo que más me ha aportado y con lo que más he vivido el crochet. Gracias a ellos conocí a gente maravillosa con la que compartir afición y tras varios talleres descubrí por qué los disfrutaba tanto y es que, sin darme cuenta, por fin había cumplido mi sueño de ser profesora… de crochet.

Después de muchos viajes y tras haber impartido tantos talleres me fijé en algo que la mayoría de personas que acudían a ellos tenían en común y es que tejían a crochet porque les servía para desconectar. ¿Era ese el motivo por el que cada vez más y más gente se unía a esto del ganchillo? Puedo afirmar sin ninguna duda que sí.

El crochet se ha convertido para miles de personas en su terapia. Al fin y al cabo, buscar nuestro momento para comenzar o retomar un proyecto, centrarnos en leer unas instrucciones, contar puntos y vueltas y ver cómo nuestras manos crean algo único simplemente pasando el hilo a través de una aguja es la mayor meditación que se puede alcanzar.

Me encantaría que usaras este libro como un refugio. Un lugar al que recurrir cuando necesites desconectar y que disfrutes de cada proyecto sin prisas. Ha llegado el momento de descubrir el *slow crochet*

MATERIALES

MATERIALES

Me parece precioso cuando alguien me muestra algo tejido por su madre, sus abuelas, sus tías… Esos pequeños legados son más que simples prendas o accesorios. Son recuerdos que harán que esa persona viva siempre en ellos y por eso es tan importante valorarlos como lo que son, tesoros familiares.

Para que lo que hagas con tus manos sea disfrutado por mucho tiempo es imprescindible que las fibras con las que los tejes sean de calidad.

Los materiales que aparecen en este libro están escogidos con mucho mimo y son perfectos para cada proyecto. Todos ellos son fibras naturales, lo que hará que tus tejidos perduren en el tiempo y puedan pasar incluso de generación en generación.

He intentado que sean muy comunes y fáciles de encontrar en cualquier parte del mundo. No importa si no das con la misma marca o color. Busca la equivalencia en cuanto a grosor y metros y atrévete a tejer con tu fibra ideal.

Voy a hablarte un poco más de cada uno de ellos y te contaré por qué cada proyecto está tejido con un hilo concreto.

16

Los Hilos

▦ Algodón 100 % Casasol

Un básico que no puede faltar en tu *stash*.

El algodón es muy versátil y puede utilizarse en cualquier época del año. Además, lava muy bien, es resistente y rara vez da alergias o crea sensibilidad en la piel.

Recuerdo perfectamente el primer proyecto que tejí con algodón. Como no podía ser de otra manera, fue un *clutch* y aunque hasta ese momento solo había tejido bolsos con fibras muy gruesas como el trapillo, el resultado me enamoró y ese fue el comienzo de una gran amistad.

En el libro lo he usado en 3 grosores diferentes:

● Grosor M 100gr /300m

Lo verás en el Bolso «La Plaza» y es perfecto para ese proyecto porque, aunque es un hilo muy fino, el bolso se teje rápido gracias a que el punto es muy calado. De esta forma, se compensa el usar un ganchillo pequeño con un punto que cunde mucho.

● Grosor L 100gr /200m

Para mí el más versátil. Lo uso tanto para accesorios como para prendas de vestir y objetos del hogar. Si jugamos con el número de ganchillo, conseguimos unos acabados y caída muy diferentes.

Lo verás en los siguientes proyectos: *clutch* Tarifa, conjunto de baño SP, funda de botella Vintage.

● Grosor XL 100gr /100m

Qué grandes recuerdos me trae el algodón en este grosor y es que el primer *clutch* que hice con esta fibra fue en el grosor XL. Pero no solo es ideal para bolsos. Me encanta para hacer accesorios e incluso prendas de vestir.

En este libro lo he utilizado para tejer el bolso Feria.

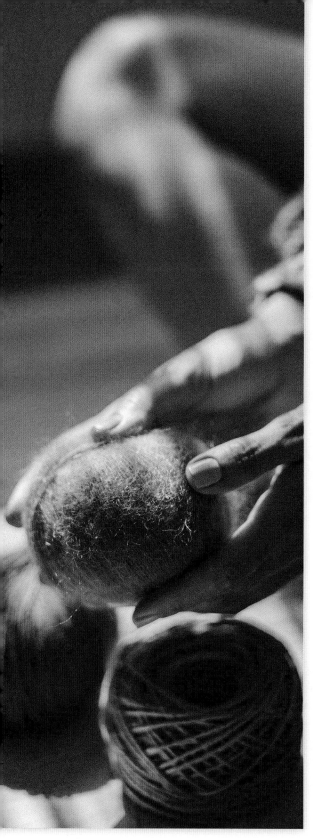

Lana merino *superwash* Casasol

Si pensamos en algo tejido a mano seguro que lo primero que se te viene a la mente es algo hecho con lana. La lana es de las fibras más tejidas en todo el mundo. La lana Merino debe su nombre al tipo de oveja de la que procede, la oveja Merino. Su lana es fina y de alta calidad lo que hace que no pique, quede suave y sea menos propensa a crear «bolas».

Dentro de esta variedad encontrarás infinidad de opciones, grosores, colores y tratamientos. Algo que me gusta mucho de vez en cuando es buscarla en alguna edición limitada teñida a mano y destinarla a un proyecto especial. De esa forma, tendré una auténtica joya en mi armario y se convertirá en un básico atemporal.

El jersey Candela está tejido con esta fibra en grosor DK, 100gr/200m.

Lana Amour Single Ply Casasol

Se trata de una lana muy poco tratada. La hebra es una mecha sin hilar, casi da la sensación de que acaba de salir de la oveja y su suavidad y esponjosidad enamoran a la vista y al tacto.

Lo normal es encontrarla en un grosor tipo Aran, ya que si es muy fina, puede partirse al tejer.

Puede ser de oveja e incluso de cordero.

El cárdigan Mifa está tejido con ella y es un auténtico gustazo abrigarse con él. El grosor recomendado para este proyecto es de 100gr/85m.

Mohair Indiana Casasol

Decir *mohair* es pensar en una nube.

El *mohair* es una fibra muy delgada, la podríamos catalogar como Lace aunque la puedes encontrar en diferentes grosores.

Se trata de un hilo con una especie de «pelusa» que le da a tus proyectos un aire de esponjosidad y vaporosidad. Puede tejerse solo, con más de una hebra o mezclado con otras fibras.

El que te muestro en este libro en el *mohair* Indiana y lo he utilizado para tejer el *top* Formentera y tiene una mezcla de 70 % Super Kid Mohair + 20 % lana + 10 % nylon. 50gr/450m.

▓ Lana Alpaca Casasol

La alpaca es otra variedad de lana y su origen, como su propio nombre indica procede de la alpaca en lugar de ovejas.

Lo que más te va a sorprender de esta fibra es su suavidad.

La que he utilizado para tejer el cuello Currete tiene una mezcla 70 % merino *superwash* y 30 % Alpaca *superfine superwash*. 50gr/90m.

▓ Lino natural Casasol

El lino es un material que da una sensación de rústico. El lino 100 % es una fibra natural, vegetal y biodegradable y me encanta el acabado que da a objetos del hogar y accesorios. Su resistencia es uno de sus puntos fuertes.

Hay diferentes grosores, pero yo he elegido para esta ocasión el de 5 cabos y puedes ver lo bonito que queda en los bajoplatos Home. 100gr/70m.

▓ Lino pulido Casasol

Una de las cosas que más me divierte es jugar con los materiales. Tejerlos con agujas que no corresponden con su grosor o cuya función, en principio, no es la de ser tejidos.

Eso es justo lo que he hecho con el lino pulido o encerado. Esta fibra se suele utilizar para coser las suelas de las alpargatas de forma tradicional, pero, en esta ocasión, lo he tejido con ganchillo de 6,5 mm para lograr un tejido muy calado y de ahí ha salido el mantel Red. Un proyecto sencillo con un resultado impactante. 100gr/180m.

▓ Bambú Casasol

Cuando la gente me pregunta que con qué he tejido un proyecto y le digo que con bambú su cara es de asombro total y la siguiente pregunta es cuál es su composición y ahí es donde ya no dan crédito, se trata de bambú 100 %. Tiene propiedades antibacterianas y también antialérgicas. Es un hilado natural, fresco, transpirable y, además, sostenible.

Si tienes oportunidad de probarlo, lo primero que llamará tu atención serán sus colores satinados y su suavidad. Además, se trata de una fibra que se transforma por completo cuando la mojas. Tras el primer lavado, el tejido se suelta, gana una caída espectacular y es más gustoso que antes de mojarlo. 100gr/200m. El chal Tina está tejido con Bambú.

LOS GANCHILLOS

La herramienta imprescindible de cualquier persona amante del crochet.

Con el ganchillo se crea la magia. Es increíble que, con solo un gancho, sea posible realizar todo tipo de proyectos de manera artesanal.

La primera vez que tuve un ganchillo en mi mano fue de plástico comprado en un bazar, creo que era un 10 mm.

Seguramente no fue la primera vez que mis manos cogieron uno. De pequeña veía tejer a mi abuela con un ganchillo metálico muy fino y seguramente haría algún intento de cadeneta pero no lo recuerdo, así que contaré aquel momento con mi ganchillo del bazar como la primera vez que probé el crochet.

Eso fue en el año 2014 y, desde entonces, son muchos los proyectos que he tejido con diferentes tipos de herramientas.

Puedes encontrar ganchillos de plástico, resina, madera, bambú, metálicos, con mango de goma… No hay uno mejor que otro, simplemente hay que ir probando hasta dar con el que te resulte más cómodo.

OTRAS HERRAMIENTAS IMPRESCINDIBLES A LA HORA DE TEJER

Está claro que el hilo y el ganchillo son lo principal a la hora de abordar un proyecto a crochet, pero hay otras herramientas que no deben faltar en tu bolsa de proyectos para que todo sea tejer y cantar.

▓ Los marcadores

Se trata de cualquier cosa que sirva para indicar que un punto es importante. Puede ser que marquen el inicio de vuelta, el punto donde hacer aumentos o que abarque una zona de separación de tejido. Puede ser desde un trozo de hilo de otro color hasta un imperdible. Lo más importante es que no se suelten mientras tejes.

Yo suelo usar lo que se llaman «marcadores abiertos». Esto significa que se enganchan bien pero no requieren de un cierre como podría ser un imperdible, por lo que son muy fáciles de poner y quitar mientras estás tejiendo.

▓ Aguja lanera

La aguja lanera se usa tanto para coser piezas como para rematar los cabos que quedan sueltos. Se trata de una aguja de coser pero más gruesa y se suele utilizar con el mismo hilo con el que se ha tejido.

▓ Cinta métrica

Es muy normal ir midiendo el proyecto mientras se teje. Ya sea una prenda de vestir o un accesorio, será muy útil saber si se estamos logrando la medida deseada. También es esencial a la hora de hacer la muestra para ajustar la aguja y el nivel de tensión antes de comenzar a tejer.

▓ Cremalleras, asas, adornos

Con crochet puedes hacer todo lo que se te pase por la mente así que es muy probable que en muchas ocasiones, tengas que utilizar cierres, asas, pasamanería, etc. No tengas miedo a mezclar otros materiales a la hora de acabar tu proyecto.

▓ Bolsa de proyecto

Puede parecer obvio que mientras tejes, tengas que tener una bolsa donde guardar el proyecto y los ovillos que vas a necesitar, pero es uno de los materiales imprescindibles para cualquier persona que teja.

Busca una que tenga el tamaño adecuado para lo que vas a llevar y que no pese mucho. Si tiene compartimentos para guardar el resto de herramientas te será muy útil. Puedes tener una bolsa diferente para cada proyecto que tengas en marcha y reconocer así cuál vas a tejer cada vez solo con verla.

PUNTOS A TRABAJAR Y TÉCNICAS

Todos los patrones de este libro han sido diseñados utilizando, en su mayoría, puntos básicos de crochet que, combinados de una u otra manera, consiguen un acabado diferente. Están catalogados por su nivel de dificultad como inicial, básico, intermedio y avanzado.

Estos son los principales puntos y técnicas que vas a trabajar:

■ **Cadeneta (cad.).** Echa hebra encima de la aguja de atrás hacia adelante y pasa el hilo por el bucle que hay en la aguja.

■ **Punto raso (PR).** Sin echar hebra, entra en el punto a tejer, coge hebra y sal por el bucle de la aguja.

■ **Punto bajo (PB).** Sin echar hebra, entra en el punto a tejer, coge hebra, sácala por el punto y deja 2 bucles sobre la aguja. Vuelve a echar hebra y sal por los dos bucles sobre la aguja.

■ **Punto bajo centrado (PBC).** Sin echar hebra, entra en el punto a tejer atravesando por el centro del punto, coge hebra, sácala por el punto y deja 2 bucles sobre la aguja. Vuelve a echar hebra y sal por los dos bucles sobre la aguja.

■ **Punto alto (PA).** Echa hebra, entra en el punto a tejer, coge hebra, sácala por el punto. Quedan 3 bucles sobre la aguja. Ve echando hebra y saliendo de dos en dos bucles hasta que quede solo uno sobre la aguja.

■ **Punto alto doble (PAD).** Echa dos hebras, entra en el punto a tejer, coge hebra, sácala por el punto. Quedan 4 bucles sobre la aguja. Ve echando hebra y saliendo de dos en dos bucles hasta que quede solo uno sobre la aguja.

■ **Punto alto triple (PAT).** Echa tres hebras, entra en el punto a tejer, coge hebra, sácala por el punto. Quedan 5 bucles sobre la aguja. Ve echando hebra y saliendo de dos en dos bucles hasta que quede solo uno sobre la aguja.

■ **Punto piña (PPÑ).** El punto piña puede ser más o menos grueso dependiendo del número de puntos que lo forman. Presta atención porque al inicio del patrón se indica con cuántos puntos se forma el punto piña. En el mismo punto se tejen varios puntos altos a la mitad y se cierran en un solo punto de la siguiente manera: *echa hebra, entra en el punto a tejer, coge hebra, sácala por el punto. Quedan 3 bucles sobre la aguja. Repite desde * las veces que indique el patrón. Echa hebra y sal por todos. Cierra el punto con una cadeneta.

■ **Punto garbanzo (PG).** Para hacer este punto, *echa hebra y entra por el punto a tejer. Coge hebra y sal del punto. Repite desde * las veces que indique el patrón. Echa hebra y sal por todos. Cierra el punto con una cadeneta.

Punto cangrejo (PC). Como su propio nombre indica, es un punto que se teje hacia atrás. Para ello, teje puntos bajos en sentido contrario.

Tejer por la hebra delantera (HD). Cualquier punto que indique que sea tejido por la hebra delantera se hace de la misma manera pero varía la zona por la que introduces el ganchillo. En este caso, de las dos hebras que conforman el punto y que forman una V, se engancha solo la que queda delante cuando estás tejiendo el proyecto. Sabrás cuándo tienes que tejer de esta forma porque detrás de la abreviatura del punto se añade la abreviatura en mayúscula de la hebra. Por ejemplo, si tienes que tejer un punto alto por la hebra delantera, la abreviatura será paHD.

Tejer por la hebra trasera (HT). Se teje el punto enganchando solo por la hebra de detrás.

Tejer en relieve delantero (RD). Para tejer en relieve delantero, se teje rodeando el cuerpo entero por el delantero del punto de la vuelta anterior que toque tejer. Sabrás cuándo tienes que tejer de esta forma porque detrás de la abreviatura del punto se añade la abreviatura en mayúscula del tipo de relieve. Por ejemplo, si tienes que tejer un punto alto en relieve delantero, la abreviatura será paRD.

Símbolos de cada tipo de punto

◯	*Círculo mágico*
∘	*Cadeneta (cad)*
0	*Cadeneta de subida (cad)*
•	*Punto raso (pr)*
+	*Punto bajo (pb)*
⩘	*Aumento punto bajo*
T	*Punto medio alto (pm)*
Ŧ	*Punto alto (pa)*
V	*Aumento punto alto*
⌇	*Punto alto relieve delantero (paRD)*
⌇	*Punto alto relieve trasero (paRT)*
Ŧ	*Punto alto triple (pat)*
⌇	*Punto alto triple relieve delantero (patRD)*
V	*Aumento punto alto relieve delantero*
V	*Aumento punto alto relieve trasero*
◊	*Punto garbanzo 2 pasadas (pg)*
◊	*Punto garbanzo 3 pasadas (pg)*
◊	*Punto piña 4 pasadas (ppñ)*
◊	*Punto piña 3 pasadas (ppñ)*
◊	*Punto piña 2 pasadas (ppñ)*

■ Tejer en relieve trasero (RT). Para tejer en relieve trasero, se teje rodeando el cuerpo entero por la parte trasera del punto de la vuelta anterior que toque tejer.

■ Círculo mágico (CM). Es la base de todo proyecto redondo y se hace montando un bucle que fijas con punto raso y tejes alrededor de él en la primera vuelta. Al acabar la vuelta se estira del cabo largo y se cierra el círculo.

■ Hacer aumentos (aum.). Para hacer aumentos, teje el número de puntos que indique el patrón en el mismo punto.

■ Hacer disminuciones (dism.). Las disminuciones se hacen tejiendo varios puntos seguidos solo a medias y, al final, se cierra con una hebra que los une a todos. Por ejemplo, para hacer una disminución simple en PA, echa hebra, entra en el punto a tejer, coge hebra, sácala por el punto. Quedan 3 bucles sobre la aguja. Echa hebra, entra en el siguiente punto, coge hebra, sácala por el punto. Quedan 4 bucles sobre la aguja. Echa hebra y sal por todos los bucles a la vez.

■ La holgura. Cuando hablamos de holgura, nos referimos al espacio que queda entre la prenda y el cuerpo.

Cuando una prenda queda a la misma medida que las del cuerpo, decimos que tiene una holgura 0.

Si la prenda es más ancha y queda holgada en más o menos medida tendrá una holgura positiva.

En el caso de que el proyecto en reposo tenga menos medida que las del cuerpo pero al vestirlo y gracias normalmente a la elasticidad de sus materiales, queda ajustado, tendrá una holgura negativa.

Al decir que una prenda tiene una holgura positiva de entre 10 y 15 cm significa que entre el cuerpo y la prenda quedan esos centímetros que separan el hilo del cuerpo. Esto sirve como referencia para saber cómo está diseñado el proyecto, pero no significa que tengas que cumplirlo a la hora de tejer. Si lo prefieres más o menos ancho, guíate por la talla que se ajuste según tus medidas a las medidas finales contando la holgura con la que te sientes a gusto.

Por ejemplo. Que un jersey tenga una holgura positiva de 10 cm y mida 100 cm de ancho de contorno de pecho significa que a una persona con un contorno de pecho de 90 cm le quedará como queda el jersey de muestra. Si teniendo un contorno de 90 cm se prefiere tener una holgura de 20 cm, simplemente se tiene que tejer la talla que en la que la prenda mida 110 cm.

Los proyectos de este libro están divididos en 4 categorías.
Cada una de ellas marcaron la evolución de Santa Pazienzia
y están ordenadas de la misma forma en la que fui avanzando
en mis proyectos y mi tejido.

LA MOTIVACIÓN

Recuerdo perfectamente el primer proyecto que tejí mirando unos vídeos en internet e intentando crear con mis manos lo que mi mente se imaginaba.

Estaba sentada en mi sofá, con un ovillo de trapillo y una aguja de 10 mm, esa que había comprado en un bazar y que ni siquiera sabía si era la correcta para el material que estaba utilizando.

Siempre he sido una amante de los bolsos. Durante años he ojeado cada revista de moda que caía en mis manos observando las piezas de grandes firmas y fijándome en cada detalle. Quizás por eso, cuando tuve aquel ovillo de trapillo en mis manos me lancé a tejer mi versión del mítico Chanel 2.55. Dicen que la ignorancia es atrevida y debe serlo porque casi sin saber hacer un punto bajo, ahí estaba yo, punto para arriba y punto para abajo segura de que conseguiría mi propio bolso de lujo. No tardé mucho y cuando me quise dar cuenta, tenía delante de mí algo que me sorprendió. Era un bolso bastante decente y mejor aún que el original porque lo había hecho yo misma.

Ese bolso lo guardo como oro en paño y, a día de hoy, es uno de mis favoritos.

Ese fue el mejor empujón que nadie me podía dar para seguir adentrándome en el fascinante mundo que acababa de descubrir.

Después de ese primer contacto con el ganchillo saqué varias conclusiones.

La primera es que aquello me había emocionado de principio a fin. El enfrentarme a una idea que no sabía desarrollar pero que, probando y probando, conseguí sacar, fue una sensación muy gratificante y que me provocaba querer volver a probar. Lo que no podía imaginar en ese momento es que ese *hobby* iba a cambiar mi vida por completo.

La segunda es que no había vídeos en internet que me explicaran todo lo que yo necesitaba saber. En aquel momento se me quedaban cortos porque lo que yo quería tejer aún no estaba muy visto y, mucho menos, podía encontrar un tutorial. Eso sacó mi vena de maestra y me planteé la posibilidad de crear yo esos vídeos y patrones que me faltaban.

Y la tercera es la importancia del proyecto. Descubrí por qué, aun teniendo en mi propia casa a mi abuela que tejía como los ángeles, nunca antes me había llamado la atención el crochet y caí en que no era el ganchillo lo que no me atraía, sino que los proyectos que ella hacía no me interesaban en absoluto. Para qué quería yo una funda para el papel higiénico o un tapete para el reposabrazos del sofá. Si con 12 o 13 años me hubieran enseñado a tejer un bikini, seguramente llevaría tejiendo desde entonces. Es por eso por lo que creo que mis diseños comenzaron a tener éxito. En cuanto los empecé a compartir en redes sociales y en mi blog, la gente comenzó a decirme exactamente eso que me había pasado a mí. Que gracias a un diseño atractivo, actual y enfocado a gente joven, se planteaban coger un ganchillo por primera vez.

Estas tres cosas hicieron despertar algo en mí. Me motivaron, casi sin saberlo, a iniciar un proyecto a modo de *hobby* que más adelante se convertiría en mi forma de vida y en mi negocio.

Durante el primer año, me dediqué a crear patrones muy básicos y vídeos que acompañaran esas explicaciones y los compartía en mi blog. La mayoría eran bolsos y objetos para el hogar muy sencillos.

CLUTCH TARIFA

CLUTCH TARIFA

En el punto más meridional de Europa, allá donde se juntan el océano Atlántico y el mar Mediterráneo está mi pueblo, Tarifa.

Una mañana cualquiera de julio, desayuno con mi amor en uno de sus hermosos cafés y bajamos hacia el casco antiguo paseando. Esperamos en el único semáforo que hay y que me ha visto cruzar por su paso de cebra desde que tenía 7 años, y me adentro en la muralla a través de la Puerta de Jerez.

Nada más atravesarla, me llega el olor a pasteles recién hechos y bajamos despacio por la calle de la Luz, que ya comienza a estar llena de gente haciéndose fotos, entrando y saliendo de las tiendecitas que hay a ambos lados y saboreando el café de sus bares.

Cada vez que hago este camino me fijo en algo que no había visto antes. Una farola, un desconchado en la pared, una reja… y siento la necesidad de hacer una foto. Busco en mi *clutch* mi *smartphone*, abro la cámara y enfoco ese detalle que me hace descubrir mi pueblo de nuevo.

Mientras hago la foto, mi chico me aguanta el bolso y, cuando me doy la vuelta, veo su enorme sonrisa. Me acerco a darle un beso y observo cómo unas chicas no paran de fijarse en el *clutch* que aún lleva él en la mano. Creo que les ha llamado la atención aún más cuando se lo han visto.

Al pasar, me paran y me preguntan si lo he comprado en alguna de las tiendas del pueblo y no puedo evitar sonreír al decirles que lo he tejido yo.

Ellas se asombran y sus caras reflejan una expresión entre admiración y tristeza por no poder volver a casa con uno igual. Lo que no se imaginaban era que ese bolso de mano que tanto les había gustado estaba tejido entero de una pieza en punto bajo y que en un par de tardes en la playa, con el patrón y un poco de *Pazienzia*, podrán tejerse uno igual.

▨ NIVEL: inicial

▨ MATERIALES
— 200g algodón peinado L Casasol (color mostaza)
— Ganchillos de 4 mm para el bolso y 5 mm para las costuras o el necesario para igualar la muestra
— Aguja lanera
— Marcadores
— Cremallera de 40 cm
— Alfileres
— Aguja de coser
— Hilo del mismo color que el *clutch*

▨ MEDIDAS
38 x 23,5 cm

▨ MUESTRA 10 x 10 cm
17 puntos x 20 vueltas en punto bajo.

▨ PUNTOS UTILIZADOS
— Cadeneta (cad.)
— Punto bajo (PB)
— Punto cangrejo (pc)

▨ ANTES DE EMPEZAR A TEJER
El *clutch* se teje desde la base hacia arriba todo de una pieza en punto bajo en espiral sin cerrar vueltas. Lo más importante es que marques siempre el primer punto con un marcador.

    El tamaño puedes cambiarlo a tu gusto tanto de ancho como de alto. Para ello solo tienes que variar el número de puntos de base y ajustar el número de vueltas para que alcance el alto deseado.

```
                              +
                              +
                              +
                              +
                              +
                              +
                              +
                              +
                              +
                              +
                              +
   + + + + + + + + +·0 + + + + + + + +
   + + + + + + + + + 0 + + + + + + + +
   + + + + + + + + + 0 + + + + + + + +
   + + + + + + + + + 0 + + + + + + + +
   + + + + + + + + + 0 + + + + + + + +
   + + + + + + + + + 0 + + + + + + + +
   + + + + + + + + + 0 + + + + + + + +
   + + + + + + + + + 0 + + + + + + + +
   + + + + + + + + + 0 + + + + + + + +
   + + + + + + + + + 0 + + + + + + + +
   + + + + + + + + + 0 + + + + + + + +
   + + + + + + + + + 0 + + + + + + + +
   + + + + + + + + + 0 + + + + + + + +
   + + + + + + + + + 0 + + + + + + + +
   + + + + + + + + + 0 + + + + + + + +
   + + + + + + + + + 0 + + + + + + + +
   + + + + + + + + + 0 + + + + + + + +
   + + + + + + + + + 0 + + + + + + + +
   + + + + + + + + + 0 + + + + + + + +
   + + + + + + + + + 0 + + + + + + + +
   + + + + + + + + + 0 + + + + + + + +
   + + + + + + + + + 0 + + + + + + + +
   + + + + + + + + + 0 + + + + + + + +
   + + + + + + + + + 0 + + + + + + + +
   + + + + + + + + + 0 + + + + + + + +
   + + + + + + + + + 0 + + + + + + + +
   + + + + + + + + + 0 + + + + + + + +
   + + + + + + + + + 0 + + + + + + + +
   + + + + + + + + + 0 + + + + + + + +
   + + + + + + + + + 0 + + + + + + + +
   + + + + + + + + + 0 + + + + + + + +
   + + + + + + + + + 0 + + + + + + + +
   + + + + + + + + + 0 + + + + + + + +
   + + + + + + + + + 0 + + + + + + + +
   + + + + + + + + + 0 + + + + + + + +
   + + + + + + + + + 0 + + + + + + + +
   + + + + + + + + + 0 + + + + + + + +
   + + + + + + + + + 0 + + + + + + + +
   + + + + + + + + + 0 + + + + + + + +
   + + + + + + + + + 0 + + + + + + + +
   + + + + + + + + + 0 + + + + + + + +
   + + + + + + + + + 0 + + + + + + + +
   + + + + + + + + + 0 + + + + + + + +
   + + + + + + + + + 0 + + + + + + + +
   + + + + + + + + + 0 + + + + + + + +
   + + + + + + + + + 0 + + + + + + + +
   + + + + + + + + + 0 + + + + + + + +
   + + + + + + + + + 0 + + + + + + + +
   + + + + + + + + + 0 + + + + + + + +
   + + + + + + + + + 0 + + + + + + + +
   + + + + + + + + + 0 + + + + + + + +
                              +
                              +
                              +
                              +
                              +
                              +
                              +
                              +
                              +
```

■ PATRÓN

Teje con ganchillo de 4 mm o con el que hayas usado para igualar la muestra.

● **Vuelta 0.** 65 cad.

● **Vuelta I.** *En esta vuelta se teje rodeando la cadeneta por ambos lados.*
1 cad., PB por el primer lado de la cadeneta, en el último punto teje 3 PB juntos.
Sin girar, continúa por el otro lateral en PB. En el último punto teje 2 PB.

● **Vueltas 2 a la 47.** PB en cada punto. (Recuerda que no hay que cerrar las vueltas ni comenzar con cadenetas al aire).
Al terminar, es probable que el marcador no te coincida en la esquina al ponerlo en plano y se haya desplazado un poco. Teje los puntos bajos necesarios para llegar al siguiente lateral para que quede bien centrado todo.

● **Vuelta 48.** Teje toda la vuelta en PC. Cierra, corta y esconde el cabo.
Ya tienes un *clutch* base y toca transformarlo en algo más especial.
Las costuras de este proyecto se tejen sobre la pieza en punto raso y para que queden igualadas, prepara la base hilvanando las líneas por donde quieres pasar. Puedes usar un hilo diferente y aguja lanera y dar puntadas largas entre los puntos del proyecto.
Si quieres replicar el modelo, marca 8 cm en el centro en el borde superior tanto del delantero como de la parte trasera del *clutch*. Puedes colocar marcadores.

● **Cambia al ganchillo de 5 mm** o a un número más del que hayas usado para tejer el *clutch*.

Comienza por la parte superior trasera.

Vas a tejer en PR con hebra doble sobre la superficie comenzando con el hilo en el interior del *clutch* y ve trazando una línea en diagonal hacia abajo sin llegar a las esquinas reales del *clutch*, bajando por cada hueco de cada vuelta.

Para lograr el fruncido, salta 3 vueltas cada 4 PR.

Al llegar a la base, sube por la parte delantera en sentido contrario. (Observa las fotos para copiar el modelo).

Repite lo mismo con la segunda costura en diagonal.

Para las costuras en horizontal, repite los pasos de las costuras verticales sobre la vuelta 29.

Juega con las líneas y no tengas miedo a crear tu propias costuras.

■ EL CIERRE

Para coser la cremallera, fíjala a la boca del *clutch* con alfileres y cósela con aguja e hilo. Si lo prefieres, puedes forrarlo con alguna tela bonita.

BOLSA «LA PLAZA»

CLUTCH TARIFA

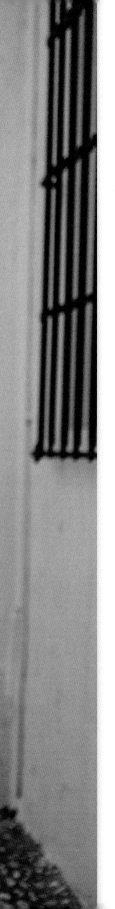

BOLSA
«LA PLAZA»

Uno de los puntos neurálgicos de cualquier pueblo es sin duda el mercado de abastos.

Siempre que viajo, me gusta perderme por el centro de cada sitio y observar a su gente, su cultura y, por supuesto, su comida.

Se puede saber muchísimo de un lugar a través de su cocina y, para conocer a fondo cómo es, nada mejor que darse un paseo matutino por lo que mi abuela llamaba «la plaza».

Sabes que te estás acercando a un mercado porque el olor a pescado y verduras frescas te guía. Nada más entrar, comienza la fiesta. Color, olor, sabor, gritos de ofertas y charlas entre vecinos son los protagonistas.

Lo primero que hago es dejarme llevar por el color y fijarme en cualquier fruta o verdura que llame mi atención, ya sea por su hermosura o porque es totalmente desconocida para mí. Comparo lo que ofrecen los diferentes puestos y elijo algo que me apetezca probar. Si puedo hacerlo en el sitio, mejor que mejor.

Si se trata de un pueblo de costa, lo siguiente en contemplar es la pescadería. Entre toda la bancada con una cama de hielo me fijo en las piezas de la zona para pedirlas más tarde en algún restaurante cercano.

Pego una vuelta por todas las tiendas y, antes de irme, busco el barecito que suele haber siempre dentro. Pido un café y me relajo observando a las personas mientras realizan sus compras sin perder de vista los limones más amarillos y brillantes que he encontrado y que llevo dentro de mi bolsa-red. Casi puedo saborear el aroma que dejarán en mi jarra de agua bien fría.

▓ NIVEL: básico

▓ MATERIALES
— 100 g algodón M (color camel)
— ganchillo 3,5 mm
— aguja lanera

▓ MEDIDAS
Cada pieza cuadrada mide 24 x 24 cm tras el
    bloqueo.

▓ MUESTRA
No requiere muestra.

▓ PUNTOS A TRABAJAR
— Cadeneta (CAD)
— Punto bajo (PB)
— Punto alto triple (PAT). Antes de hacer el
punto, echa 3 hebras encima de la aguja y ve
saliendo de dos en dos.
— Punto cangrejo (PC)

▓ ANTES DE EMPEZAR A TEJER
Para hacer este proyecto, se tejen varias piezas
en plano y se unen al final como un puzle para
lograr su forma de trapecio.
    Los puntos altos triples se tejen centrados
sobre los PAT de la vuelta anterior.

Esquema

Bolsa «La plaza»

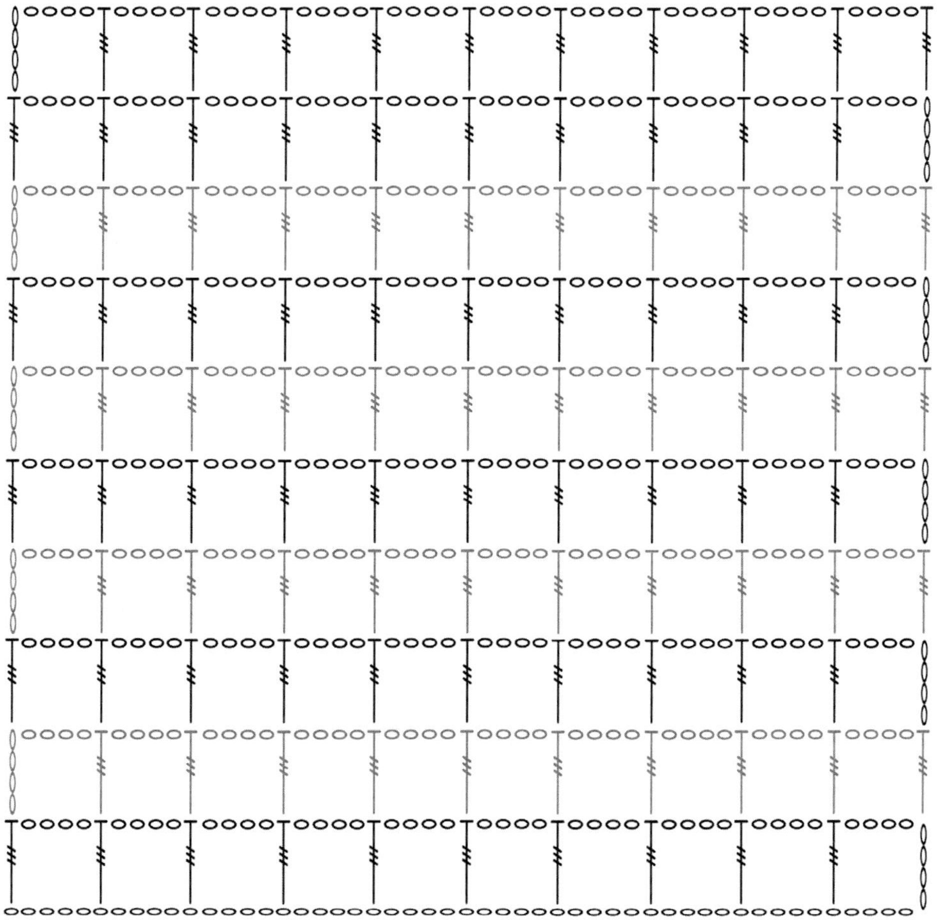

▓ EL PATRÓN

● **Vuelta 0.** Monta 50 cad.

● **Vuelta 1.** 8 cad., 1 PAT en la 13.ª cadeneta desde la aguja. *4 cad., salta 4 puntos, 1 PAT. Repite desde * hasta el final.

● **Vueltas 2 a la 10.** 8 cad., salta 4 cad., 1 PAT. *4 cad., salta 4 cad., 1 PAT. Repite desde * hasta el final. Teje el último PAT sobre la 4.a cad. de subida.

● **Vuelta de contorno:** sin cortar el hilo, haz una vuelta de contorno en PB por los 4 lados del cuadrado tejiendo 4 PB rodeando las cadenetas y 1 PB en cada PAT. En las esquinas haz 1 cad. al aire. Cierra con PR en el primer punto. Corta y esconde el cabo.

Repite este patrón 4 veces más para tener 5 piezas iguales.

▓ EL MONTAJE

Coloca todas las piezas del derecho formando una cruz, dejando una pieza en el centro y las otras 4, una a cada lado del cuadrado central.

Une las piezas exteriores a la pieza central con punto cangrejo cogiendo al mismo tiempo un punto de la pieza exterior y uno de la pieza central. Presta atención para que queden bien encajadas todas las esquinas.

Continúa por los 4 lados del cuadrado central hasta que esté todo unido. Cierra con PR en el primer punto. Corta y esconde los cabos.

Dobla el proyecto de manera que la pieza central quede en la base con forma de triángulo.

■ LAS ASAS

Engancha con PR en el pico superior izquierdo del frontal del bolso y haz 100 cad. Engancha con PR en el pico superior derecho del delantero.

Ahora vas a tejer en circular por el interior del «escote» del frontal del bolso. Usa un marcador para diferenciar el inicio de vuelta.

- **Vuelta 1.** Teje en PB descendiendo por el asa hasta que queden 4 puntos para llegar al pico central. Haz 4 cad. al aire y engancha con PB en el lado de enfrente a la misma altura. Continúa en PB ascendiendo por el asa. Teje un PB en cada punto y en cada cadeneta del asa. Al acabar la vuelta, cierra con PR en el primer punto.

- **Vuelta 2.** 1 cad., PB desde el primer punto. Desciende hasta que queden 4 puntos para llegar a las cadenetas que unen un lado con otro. 8 cad., pasa al lado de enfrente a la misma altura y continúa en PB hasta el final. Cierra con pr.

- **Vuelta 3.** 1 cad., toda la vuelta en PC excepto al pasar por las cad. de la zona central del pico, **que se tejen en PR hacia atrás.** Cierra con PR al terminar.

  Repite el montaje y vueltas del asa en la parte trasera.

■ LOS LATERALES

Coloca el bolso boca abajo y une el trozo del lateral de la base con PC cogiendo a la vez de las piezas del frontal y de la parte trasera. Al llegar a la esquina, deja de unir las dos partes y continúa tejiendo en PC subiendo por un lateral, pasando por el asa y bajando por el siguiente lado. Pasa por la zona lateral que queda abierta y al llegar a la esquina, únela con la de la pieza de enfrente para continuar tejiendo por esa parte en PC (el segundo lateral de la base queda abierto). Bordea todo el contorno pasando por el asa hasta que se haya cubierto todo de PC.

Por último, une el lateral de la base que falta en PC.

Cierra con PR. Corta y esconde los cabos.

Bloquea tu bolsa para un resultado impecable.

BAJOPLATOS *HOME*

Es fin de semana y deben ser casi las 8 porque, aunque sigo en la cama, siento que ya no tengo sueño.

Poco a poco, voy abriendo los ojos y notando la luz que entra tras la cortina. Estiro el brazo y me doy cuenta de que estoy sola en la habitación. Por un momento tengo la tentación de volver a dormirme, pero hay dos cosas que me lo impiden. Una es mis ganas de aprovechar bien los días y otra, el olor a café recién hecho que emana de la cocina.

Finalmente me levanto, abro la puerta corredera de la habitación y, deslumbrada por el sol que entra a esa hora por mi terraza, alcanzo a ver que, en la mesa de comedor, está servido el desayuno.

Mi chico no está, ha bajado a pasear a Curro, así que me siento mientras llega y sonrío al ver que ha puesto mis bajoplatos a crochet. Esos que con tanto cariño tejí para mi libro porque se parecen a los primeros que hice cuando empezaba a hacer ganchillo.

Suena la cerradura y entra mi perro como un loco a por su comida, mi chico me da los buenos días con un beso infinito y es en ese momento cuando me doy cuenta de que esto es mi hogar.

▦ NIVEL: iniciación

▦ MATERIALES
— 250 g lino 100 % de 5 cabos por cada bajoplato
— Ganchillo 5,5 mm
— 1 marcador

▦ MEDIDAS
35 mm de diámetro

▦ MUESTRA
No requiere muestra

▦ PUNTOS A TRABAJAR
— Punto raso (PR)
— Punto bajo (PB)
— Punto cangrejo (PC)

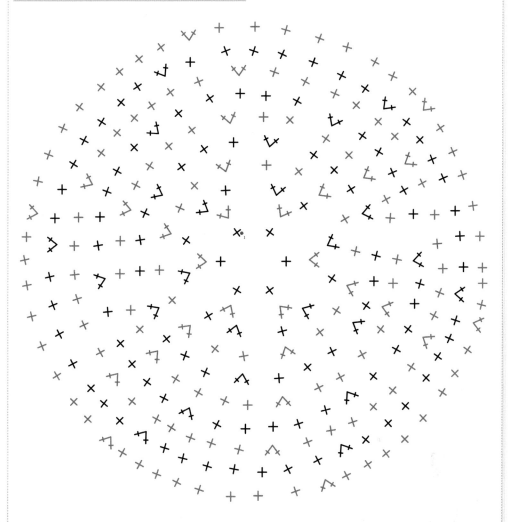

▓ ANTES DE EMPEZAR A TEJER

Este patrón es un ejemplo de que la sencillez siempre es un acierto. Se trata de un proyecto perfecto tanto para principiantes como para cualquiera que quiera tener piezas únicas hechas a mano en casa.

Cada bajoplato se teje de una pieza, en circular y en espiral sin cerrar las vueltas. Es importante que uses un marcador para detectar el inicio de vuelta.

Lo más importante de este proyecto es alternar la zona de aumentos para que no se marquen esquinas y quede totalmente redondo.

▦ EL PATRÓN

Monta un anillo mágico para tejer en él.

● **Vuelta 1.** Teje 6 PB en el anillo. Al acabar estira bien y cierra el círculo.

● **Vuelta 2.** 2 PB en cada punto.

● **Vuelta 3.** *1 PBC, 2 PB juntos. Repite desde * hasta acabar la vuelta.

● **Vuelta 4.** *2 PBC, 2 PB juntos. Repite desde * hasta acabar la vuelta.

● **Vuelta 5.** *3 PBC, 2 PB juntos. Repite desde * hasta acabar la vuelta.

● **Vuelta 6.** *4 PBC, 2 PB juntos. Repite desde * hasta acabar la vuelta.

● **Vuelta 7.** *5 PBC, 2 PB juntos. Repite desde * hasta acabar la vuelta.

● **Vuelta 8.** *6 PBC, 2 PB juntos. Repite desde * hasta acabar la vuelta.

● **Vuelta 9.** *7 PBC, 2 PB juntos. Repite desde * hasta acabar la vuelta.

● **Vuelta 10.** *8 PBC, 2 PB juntos. Repite desde * hasta acabar la vuelta.

● **Vuelta 11.** *9 PBC, 2 PB juntos. Repite desde * hasta acabar la vuelta.

● **Vuelta 12.** *10 PBC, 2 PB juntos. Repite desde * hasta acabar la vuelta.

● **Vuelta 13.** *11 PBC, 2 PB juntos. Repite desde * hasta acabar la vuelta.

● **Vuelta 14.** *12 PBC, 2 PB juntos. Repite desde * hasta acabar la vuelta.

● **Vuelta 15.** *13 PBC, 2 PB juntos. Repite desde * hasta acabar la vuelta.

● **Vuelta 16.** *14 PBC, 2 PB juntos. Repite desde * hasta acabar la vuelta.

● **Vuelta 17.** *15 PBC, 2 PB juntos. Repite desde * hasta acabar la vuelta.

● **Vuelta 18.** *16 PBC, 2 PB juntos. Repite desde * hasta acabar la vuelta.

● **Vuelta 19.** *17 PBC, 2 PB juntos. Repite desde * hasta acabar la vuelta.

Vuelta 20. *18 PBC, 2 PB juntos. Repite desde * hasta acabar la vuelta.

Vuelta 21. *19 PBC, 2 PB juntos. Repite desde * hasta acabar la vuelta.

Vuelta 22. *20 PBC, 2 PB juntos. Repite desde * hasta acabar la vuelta.

Vuelta 23. *21 PBC, 2 PB juntos. Repite desde * hasta acabar la vuelta.

Vuelta 24. *22 PBC, 2 PB juntos. Repite desde * hasta acabar la vuelta. Cierra con PR.

Vuelta 25. Teje toda la vuelta en PC. Cierra con PR, corta y esconde el cabo.

Repite el patrón hasta que tengas todos los bajoplatos que quieras.

UN PASO MÁS

Después de pocos meses, *Santa Pazienzia* comenzaba a ser conocida dentro de su sector y veía cómo cada vez más y más tejedoras se atrevían a hacer mis patrones. Tenía muchos comentarios en el blog y aumentaba el *feedback* en las redes sociales cuando mostraba mis diseños.

Los proyectos iban evolucionando y creciendo al mismo ritmo que yo aprendía a tejer. Durante el primer año, casi todos mis proyectos eran en punto bajo por la sencilla razón de que no sabía hacer muchos más.

Pasó un poco más de tiempo en el que yo no paraba de formarme en todos los aspectos. Aprendí a crear mi propia web a través de plantillas prediseñadas, me apuntaba a todos los cursos que veía sobre redes sociales, *marketing* digital y seguía tejiendo sin parar.

En uno de los cursos *online* a los que me había apuntado me animaron a crear mi primer producto digital. Confieso que sentí mucha inseguridad y los miedos y las dudas me abordaban, pero eran más las ganas que el pánico y tras plantear muy bien lo que creía que podía funcionar y ser consciente de hasta dónde podía llegar, me lancé a escribir mi primer *ebook*, *Trapillo para principiantes*.

Al mismo tiempo, mis amigas comenzaron a animarme para que les enseñara a tejer esos bolsos que las tenían locas. Quedábamos en casa de alguna y pasábamos mañanas de sábado tejiendo juntas y arreglando el mundo.

No tardó en correrse la voz y me llegaron las primeras propuestas de impartir talleres. Ahí volvieron mis conflictos internos y es que una cosa era pasar el rato con amigas y otra muy diferente era cobrar por ello y trabajar con grupos más grandes.

El síndrome del impostor me perseguía al mismo tiempo que me moría de ganas por hacerlo y recordé algo que me dijo una vez mi profesora de yoga. Me explicó que, cuando ella empezó, sabía solo un poco más que quien entraba por la puerta para apuntarse a sus clases y eso era suficiente siempre que fuera consciente de su nivel y no intentara enseñar algo para lo que no tuviese conocimientos necesarios.

Tanto el escribir un *ebook* como dar talleres implicaban un paso más en mi proyecto. Suponía pasar de tener un *hobby* a tener un negocio, y tuve que pensarlo mucho y hacer bien las cuentas antes de lanzarme.

No tenía todo a mi favor. En aquel momento no tenía trabajo y estaba en un país que no era el mío, y el lanzarme a montar algo suponía cierto riesgo, pero había algo en mí que me decía que lo tenía que intentar… y menos mal que lo hice.

Los proyectos de esta categoría reflejan el avance que fue tomando mi tejido y mis diseños. Cada vez había más variedad y pasé de tejer bolsos y accesorios a objetos para el hogar y cuidado personal.

CHAL TINA

CHAL TINA

En los recuerdos más felices de mi infancia siempre está ella, Tina.

A cualquiera que la conozca y se la menciones, su reacción será la misma. Se le iluminará la cara y su boca dibujará una gran sonrisa.

Tina tiene ese poder sobre las personas porque es pura alegría. Allá donde va, es el centro de atención y no porque quiera ser protagonista, sino porque su positividad contagia a todo el que se le acerca y una vez que la tienes a tu lado, no quieres que se marche nunca.

Nacida en el norte y apasionada del sur, Tina nunca pasa 12 meses seguidos en el mismo sitio y sabes que va a verte porque sus maletas llegan un día antes por transportista.

Recuerdo cuando era pequeña y recorría de su mano las calles de Marruecos.

Estaba deseando que dieran las vacaciones escolares para hacer mi maleta y poner rumbo a Tetuán para pasarlas con ella.

Siempre dormíamos juntas. En su mesita de noche no faltaban nunca unos gajos de mandarina por si le entraba sed de madrugada y escuchábamos la radio hasta las tantas. Yo no entendía bien la profundidad de las tertulias radiofónicas, pero me gustaba escuchar la voz de los diferentes personajes y ella siempre me explicaba cosas.

Los fines de semana nos poníamos nuestras mejores galas y no íbamos de cena a la Casa España con sus amigos y yo acababa durmiendo entre dos sillas mientras ellos reían y disfrutaban de su compañía. Al terminar la velada, siempre acabábamos en su casa, donde seguía la fiesta. Yo me colaba en su armario y me ponía su ropa para deleitar a todos con un pase de modelo que se convertía en la atracción más esperada.

Cuando ya no podía más, me llevaba a la cama, me arropaba y yo me dormía feliz porque ella, Tina, que es el diminutivo de Argentina, era la mejor abuela que nadie podría tener.

Una de las piezas que más me fascinaban y fascinan de su armario es un precioso mantón de Manila bordado con hilos de colores y unos largos flecos que lo hacen majestuoso. Este chal está inspirado en esa pieza que, al igual que mi abuela, es única.

■ NIVEL: intermedio

■ MATERIALES
— 400 g (sin flecos) 500 g (con flecos) Bambú Casasol (color melocotón suave)
— Ganchillo 4,5 mm
— 1 marcador

■ MEDIDAS
163 x 75 cm tras el bloqueo

■ MUESTRA 10 x 10
14 puntos x 9 vueltas en punto alto tras el bloqueo

■ PUNTOS A TRABAJAR
— Círculo mágico
— Cadeneta (cad.)
— Punto Alto (PA)
— Punto garbanzo (PG) este punto es de 3 pasadas
— Punto piña (PPÑ) compuesto por 4 PA

Los puntos que deben tejerse juntos van entre paréntesis
Los puntos del aumento central van en negrita

■ ANTES DE EMPEZAR A TEJER
Este proyecto se teje de lado a lado por lo que al acabar cada vuelta, gira para tejer la siguiente vuelta.

El chal tiene forma triangular y se comienza por la zona central del lado más largo. Hay 3 zonas de aumento. La de inicio de vuelta, la central y la de final de vuelta.

Las vueltas se comienzan siempre con un par de puntos garbanzo juntos que se tejen en el centro del par de PG de la vuelta anterior.

En el centro y el final hay otros pares de PG que se tejen de la misma forma.

El primer punto de cada vuelta tras el primer par de puntos garbanzos es, precisamente, el que sale del segundo PG del par inicial. El último punto del primer lateral es el que está encima del primer PG del par de PG central. El primer punto del segundo lateral es el que sale del segundo PG del par central y el último punto del segundo lateral es el que está encima del primer PG del par final.

Es importante que compruebes siempre que tienes el mismo número de puntos en cada lado del chal.

Te recomiendo poner un marcador siempre en la zona central para asegurarte de hacer correctamente los aumentos. En el centro, el aumento es siempre en punto garbanzo.

■ EL PATRÓN

Recuerda que los puntos entre paréntesis se tejen juntos en el mismo punto.

● **Vuelta 0.** Prepara un círculo mágico para comenzar a tejer en él.

● **Vuelta 1.** 4 cad., 2 PA, 1 PG, 2 cad. (coloca marcador), 1 PG, 2 PA, 1 cad., 1 PA. Estira del cabo central del círculo hasta que quede bien cerrado.

● **Vuelta 2.** 3 cad. Haz (1 PG, 1 cad., 1 PG) juntos rodeando la cad. de la vuelta anterior. PA desde el primer punto hasta la zona central. (Total 3 PA). En el centro teje (**1 PG, 2 cad., 1 PG**) juntos. PA hasta el hueco de la 4.a cadeneta de la vuelta anterior. (Total 3 PA). En el hueco teje (1 PG, 1 cad., 1 PG) juntos. 1 PA sobre la tercera cad. de la vuelta anterior.

● **Vueltas 3 a la 14.** 3 cad. (1 PG, 1 cad., 1 PG) entre el par de PG de la vuelta anterior, PA hasta la zona de central. En el centro teje (**1 PG, 2 cad., 1PG**) PA hasta el último punto. (1PG, 1 cad., 1 PG) 1 PA sobre la tercera cad. de la vuelta anterior.

● **Vuelta 15.** 3 cad., (1 PG, 1 cad., 1PG) entre el par de PG de la vuelta anterior, PG en el primer punto, *salta 1 p, 1 PG. Repite desde * hasta la zona central. En el centro teje (**1 PG, 2 cad., 1PG**). 1 PG. **Salta 1 p, 1 PG. Repite desde ** hasta el final. (1PG, 1 cad., 1 PG) 1 PA sobre la tercera cad. de la vuelta anterior. **Total 18 PG por cada lado contando los de inicio, los centrales y los finales.**

● **Vuelta 16.** 3 cad. (1 PG, 1 cad., 1 PG) 1 PA en el primer punto. Teje 1 PA sobre cada PG y 1 PA entre puntos garbanzo. En el centro teje (**1 PG, 2 cad., 1 PG**) PA desde el primer punto del segundo lateral hasta el final (1 PG, 1 cad., 1 PG) 1 PA sobre la tercera cad. de la vuelta anterior. **Total 33 PA por cada lado.**

Vuelta 17. 3 cad. (1 PG, 1 cad., 1 PG) 1 PA en el primer punto. 3 cad., salta 4 puntos, 3PG juntos. *2 cad., salta 4 puntos, 3 PG juntos. Repite desde * hasta que queden 4 puntos para llegar a la zona central. 3 cad., salta 3 puntos, 1 PA. (**1 PG, 2 cad., 1 PG**) 1 PA en el primer punto del siguiente lateral, 3 cad., salta 3 puntos. 3 PG juntos, **2 cad., salta 4 puntos, 3 PG juntos. Repite desde **hasta que queden 5 puntos, 3 cad., salta 4 puntos, 1 PA (1 PG, 1 cad., 1 PG) 1 PA sobre la tercera cad. de la vuelta anterior.

Vuelta 18. 3 cad. (1 PG, 1 cad., 1 PG) 1 PA en el primer punto. 1 PA en el 2.o punto, 3 PA rodeando las cad. de la vuelta anterior. *PA entre puntos garbanzo. 3 PA rodeando las cad. de la vuelta anterior. Repite desde * hasta pasar sobre las últimas cad. del primer lateral. 1 PA sobre el PA de la vuelta anterior y PA en el último punto de ese lateral. (**1 PG, 2 cad., 1 PG**) 2 PA desde el primer punto, **3 PA rodeando las cad. de la vuelta anterior, PA entre puntos garbanzo. Repite desde ** hasta pasar sobre las últimas cad. del segundo lateral. 2 PA (1 PG, 1 cad., 1 PG) 1 PA sobre la tercera cad. de la vuelta anterior. **Total 37 PA por cada lado.**

Vuelta 19. 3 cad. (1 PG, 1 cad., 1 PG) entre el par de PG de la vuelta anterior. 1 PG en el primer punto, *salta 1 p, 1 PG. Repite desde * hasta la zona central. En el centro teje (**1 PG, 2 cad., 1PG**) 1 PG en el primer punto. **Salta 1 p, 1 PG. Repite desde ** hasta llegar al último punto del segundo lateral. (1 PG, 1 cad., 1 PG) 1 PA sobre la tercera cad. de la vuelta anterior.

Vuelta 20. 3 cad. (1 PG, 1 cad., 1 PG) 1 PA en el primer punto. Teje 1 PA sobre cada PG y 1 PA entre puntos garbanzo. El último PA del primer lado se teje sobre el primer PG de la zona central. En el centro teje (**1 PG, 2 cad., 1 PG**) PA desde el 2.o PG del centro hasta llegar al último punto (1 PG, 1 cad., 1 PG) 1 PA sobre la tercera cad. de la vuelta anterior. **Total 43 PA por cada lado.**

Vueltas 21 a la 24. 3 cad. (1 PG, 1 cad., 1 PG) entre el par de PG de la vuelta anterior. PA desde el primer punto hasta la zona central. En el centro teje (**1 PG, 2 cad., 1 PG**) PA hasta el último punto. (1 PG, 1 cad., 1 PG) 1 PA sobre la tercera cad. de la vuelta anterior. **Total puntos al final de la vuelta 24, 51 PA en cada lado.**

Vuelta 25. 3 cad., (1 PG, 1 cad., 1PG) 1 PA en el primer punto. *2 cad., salta 2 puntos, 1 PPÑ. Repite desde * hasta que quede 1 punto. 1 PA. En el centro teje (**1 PG, 2 cad., 1 PG**) 1 PA en el primer punto, 1 PPÑ, **2 cad., salta 2 puntos, 1 PPÑ. Repite desde ** hasta que queden 3 puntos. 2 cad., salta 2 puntos, 1 PA en el penúltimo PG. (1 PG, 1 cad., 1 PG) 1 PA sobre la tercera cad. de la vuelta anterior. **Total 17 PPÑ en cada lado.**

Vuelta 26. 3 cad., (1 PG, 1 cad., 1 PG) PA desde el primer punto tejiendo 2 PA rodeando las cad. de la vuelta anterior y 1 PA sobre cada punto piña. En el centro teje (**1 PG, 2 cad., 1 PG**) PA hasta el final. (1 PG, 1 cad., 1 PG) 1 PA sobre la tercera cad. de la vuelta anterior. **Total 55 PA por lado.**

Vueltas 27 a la 30. 3 cad. (1 PG, 1 cad., 1 PG) entre el par de PG de la vuelta anterior. PA hasta la zona de central. En el centro teje (**1 PG, 2 cad., 1 PG**) PA hasta el final. (1 PG, 1 cad., 1 PG) 1 PA sobre la tercera cad. de la vuelta anterior. **Al final de la vuelta 30 hay 63 PA por lado.**

Vuelta 31. 3 cad. (1 PG, 1 cad., 1 PG) entre el par de PG de la vuelta anterior. 1 PG en el primer punto, *salta 1 p, 1 PG. Repite desde * hasta la zona central. En el centro teje (**1 PG, 2 cad., 1 PG**) 1 PG en el primer punto. **Salta 1 p, 1 PG. Repite desde ** hasta llegar al último punto. (1 PG, 1 cad., 1 PG) 1 PA sobre la tercera cad. de la vuelta anterior. **Total 36 PG por cada lado contando los de inicio, los centrales y los finales.**

Vuelta 32. 3 cad. (1 PG, 1 cad., 1 PG) 1 PA en el primer punto. Teje 1 PA sobre cada PG y 1 PA entre puntos garbanzo. En el centro teje (**1 PG, 2 cad., 1 PG**) PA desde el 2.o PG del centro hasta llegar al penúltimo PG (1PG, 1 cad., 1 PG) 1 PA sobre la tercera cad. de la vuelta anterior. **Total 69 PA por cada lado.**

Vuelta 33. 3 cad. (1 PG, 1 cad., 1 PG) 1 PA en el primer punto. 3 cad., salta 4 puntos, 3PG juntos, *2 cad., salta 4 puntos, 3 PG

juntos. Repite desde * hasta que queden 5 puntos para llegar a la zona central de aumento. Salta 3 puntos, 3 cad., 2 PA. En el centro teje (**1 PG, 2 cad., 1 PG**) 1 PA en el primer punto del siguiente lateral, PA en el 2.o punto, 3 cad., salta 3 puntos. 3 PG juntos, **2 cad., salta 4 puntos, 3 PG juntos. Repite desde ** hasta que queden 5 puntos. 3 cad., salta 4 p, 1 PA. (1PG, 1 cad., 1 PG) 1 PA sobre la tercera cad. de la vuelta anterior. **Total 13 abanicos de 3 PG en cada lado.**

- **Vuelta 34.** 3 cad. (1 PG, 1 cad., 1PG) 1 PA en el primer punto. 1 PA en el 2.o punto, 4 PA rodeando las cad. de la vuelta anterior. *PA entre puntos garbanzo. 4 PA rodeando las cad. de la vuelta anterior. Repite desde * hasta pasar sobre las últimas cad. del primer lateral. 3 PA. (**1 PG, 2 cad., 1PG**) 3 PA **4 PA rodeando las cad. de la vuelta anterior. PA entre puntos garbanzo. Repite desde ** hasta pasar sobre las últimas cad. del segundo lateral. 2 PA (1PG, 1 cad., 1 PG) 1 PA sobre la tercera cad. de la vuelta anterior. Total 87 PA.

- **Vuelta 35.** 3 cad. (1 PG, 1 cad., 1PG) entre el par de PG de la vuelta a nterior. 1 PG en el primer punto, *salta 1 p, 1 pg. Repite desde * hasta la zona central tejiendo el último PG del primer lado sobre el primer PG de la zona central. En el centro teje (**1 PG, 2 cad., 1PG**) 1 PG en el primer punto. **Salta 1 p, 1 PG. Repite desde ** hasta llegar al penúltimo PG. (1PG, 1 cad., 1 PG) 1 PA sobre la tercera cad. de la vuelta anterior. **Total 48 PG por lado.**

- **Vuelta 36.** 3 cad. (1 PG, 1 cad., 1PG) 1 PA en el primer punto. Teje 1 PA sobre cada PG y 1 PA entre puntos garbanzo. En el centro teje (**1 PG, 2 cad., 1PG**) **PA** hasta el final (1PG, 1 cad., 1 PG) 1 PA sobre la tercera cad. de la vuelta anterior. **Total 93 PA por cada lado.**

- **Vueltas 37 a la 40.** 3 cad. (1 PG, 1 cad., 1 PG) entre el par de PG de la vuelta anterior. PA hasta la zona de central. En el centro teje (**1 PG, 2 cad., 1PG**) **PA** hasta el último punto. (1PG, 1 cad., 1 PG) 1 PA sobre la tercera cad. de la vuelta anterior. **Al final de la vuelta 40 tendrás un total de 101 PA por cada lado.**

- **Vuelta 41.** 3 cad., (1 PG, 1 cad., 1PG) 1 PA en el primer punto. *2 cad., salta 2 puntos, 1 PPŃ. Repite desde * hasta que queden 3 puntos. 2 cad., salta 2 puntos, 1 PA. En el centro teje (**1 PG, 2 cad., 1PG**) 1 PA en el primer punto, *2 cad., salta 2 puntos, 1 PPŃ. Repite desde ** hasta que queden 3 puntos. 2 cad., salta 2 puntos, 1 PA en el penúltimo PG. (1PG, 1 cad., 1 PG) 1 PA sobre la tercera cad. de la vuelta anterior. **Total 33 PPŃ a cada lado.**

- **Vuelta 42.** 3 cad., (1 PG, 1 cad., 1PG) PA desde el primer punto tejiendo 2 PA rodeando las cad. de la vuelta anterior y 1 PA sobre cada punto piña. En el centro teje (**1 PG, 2 cad., 1PG**) **PA** hasta el final (1PG, 1 cad., 1 PG) 1 PA sobre la tercera cad. de la vuelta anterior. **Total 105 PA por lado.**

● **Vueltas 43 a la 46.** 3 cad. (1 PG, 1 cad., 1 PG) entre el par de PG de la vuelta anterior. PA hasta la zona central. En el centro teje (**1 PG, 2 cad., 1PG**) **PA** hasta el final. (1PG, 1 cad., 1 PG) 1 PA sobre la tercera cad. de la vuelta anterior. **Total de puntos al acabar la vuelta 46, 113 PA por lado.**

● **Vuelta 47.** 3 cad. (1 PG, 1 cad., 1PG) entre el par de PG de la vuelta anterior. 1 PG en el primer punto, *salta 1 p, 1 PG. Repite desde * hasta la zona central. En el centro teje (**1 PG, 2 cad., 1PG**) 1 PG en el primer punto. **Salta 1 p, 1 PG. Repite desde ** hasta llegar al último punto. (1PG, 1 cad., 1 PG) 1 PA sobre la tercera cad. de la vuelta anterior. **Total 61 PG por cada lado contando los de inicio, los centrales y los finales.**

● **Vuelta 48.** 3 cad. (1 PG, 1 cad., 1PG) 1 PA en el primer punto. Teje 1 PA sobre cada PG y 1 PA entre puntos garbanzo. En el centro teje (**1 PG, 2 cad., 1PG**) **PA** desde el 2.o PG del centro hasta el final (1PG, 1 cad., 1 PG) 1 PA sobre la tercera cad. de la vuelta anterior. **Total 119 PA por cada lado.**

● **Vuelta 49.** 3 cad. (1 PG, 1 cad., 1PG) 1 PA en el primer punto. 3 cad., salta 4 puntos, 3PG juntos, *2 cad., salta 4 puntos, 3 PG juntos. Repite desde * hasta que queden 5 puntos para llegar a la zona central de aumento. Salta 3 puntos, 3 cad., 2 PA. (**1 PG, 2 cad., 1PG**) 1 PA en el primer punto del siguiente lateral, PA en el 2.o punto, 3 cad., salta 3 puntos. 3 PG juntos, ** 2 cad. salta 4 puntos, 3 PG juntos. Repite desde ** hasta que queden 5 puntos. Salta 4 p, 3 cad., 1 PA. (1PG, 1 cad., 1 PG) 1 PA sobre la tercera cad. de la vuelta anterior. **Total 23 abanicos de 3 PG en cada lado.**

● **Vuelta 50.** 3 cad. (1 PG, 1 cad., 1PG) 1 PA en el primer punto. 1 PA en el 2.o punto, 4 PA rodeando las cad. de la vuelta anterior. *PA entre puntos garbanzo. 4 PA rodeando las cad. de la vuelta anterior. Repite desde * hasta pasar sobre las últimas cad. del primer lateral. 3 PA. (**1 PG, 2 cad., 1 PG**), 3 PA ** 4 PA rodeando las cad. de la vuelta anterior, PA entre puntos garbanzo. Repite desde ** hasta pasar sobre las últimas cad. del segundo lateral. 2 PA (1 PG, 1 cad., 1 PG) 1 PA sobre la tercera cad. de la vuelta anterior. **Total 147 PA por lado.**

● **Vuelta 51.** 3 cad. (1 PG, 1 cad., 1PG) entre el par de PG de la vuelta anterior. 1 PG en el primer punto, *salta 1 p, 1 PG. Repite desde * hasta la zona central. En el centro teje (**1 PG, 2 cad., 1 PG**) 1 PG en el primer punto. **Salta 1 p, 1 PG. Repite desde ** hasta llegar al último punto (1 PG, 1 cad., 1 PG) 1 PA sobre la tercera cad. de la vuelta anterior. **Total, 78 PG por lado.**

▥ EL BLOQUEO

Tanto si lo has tejido con bambú como si lo has hecho con otras fibras, es muy aconsejable blo-quear tu chal para que estiren bien los puntos y se aprecie cada calado. Si has utilizado bambú verás como, además de quedar muy estirado, consigue una caída extra.

▥ LOS FLECOS

El chal está listo para poder lucirlo pero, si te atreves, puedes darle un toque muy especial colo-cando flecos por sus laterales.

Para ello, corta tiras de unos 50 cm y ponlas dobles de 3 en 3 y anúdalas con un nudo alondra entre los puntos garbanzo de la última vuelta.

Corta todos los flecos a la misma altura y sal a moverlo al viento.

FUNDA DE BOTELLA
VINTAGE

FUNDA DE BOTELLA
VINTAGE

El crochet tiene eso, un día no sabes coger una aguja y al siguiente, cualquier cosa puede estar cubierta de hilo.

Cuando hice el boceto de esta funda de crochet para botella no pude evitar sonreír al verme a mí misma como esas abuelas que le hacían una funda hasta al mando de la tele.

Cuántas veces he tenido que escuchar eso de «¡Tejes! ¡Pero si eres muy joven!», y tener que defender a capa y espada mi trabajo y afición.

Me puse a pensar entonces en ese concepto tan marcado que tenemos sobre el ganchillo y el punto. ¿Por qué lo relacionamos con las abuelas? ¿Por qué tejían ellas? ¿Por qué dejaron de hacerlo nuestras madres? Y entonces entendí por qué somos una nueva generación de tejedoras y tejedores que hemos llegado para quedarnos.

Podría escribir una tesis sobre por qué nuestras abuelas tejían, pero, entre muchas cosas, destacaré que eran las que se quedaban en casa a cuidar de la familia y era su forma de entretenimiento particular después de haber estado entregadas a las necesidades de los demás.

Sus proyectos, cuanto más grandes y lentos de tejer, más valor tenían y servían como piezas de herencia familiar.

Además, les servía para reunirse entre mujeres, hablar y desahogar sus penas y compartir alegrías. Se enseñaban unas a otras y esos conocimientos pasaban de generación en generación, no con patrones escritos, sino con colchas, encajes, patucos… un sinfín de maravillas de las que solo ellas conocían sus secretos.

Y al darle vueltas a esos conceptos descubrí que, tras saltarse una o dos generaciones, los motivos por los que hemos vuelto a coger las agujas son prácticamente los mismos con algunas variaciones.

Necesitamos una parcela privada para desconectar de todo y solo pensar en contar puntos y vueltas.

Al contrario que nuestros antepasados, los proyectos los preferimos cortos y rápidos de tejer porque necesitamos esa satisfacción inmediata de cosas hechas. Lo bueno de esto es que empezamos así pero, conforme vamos avanzado en la técnica, nos calmamos, aprendemos y al igual que ellas, vamos queriendo cada vez más sumergirnos en un proyecto que nos dé horas y horas de diversión.

Nos apuntamos a talleres, grupos de tejido y quedadas para compartir con otras personas nuestra afición y nuestra vida. Un taller de ganchillo es como una terapia grupal de la que salimos renovadas.

Tras reflexionar sobre todo esto, cogí mi botella de cristal y le tejí una funda para lucirla por ahí con mucho orgullo.

▉ NIVEL: básico

▉ MATERIALES
— Algodón peinado L Casasol (colores jade, camel y salmone)
— Ganchillo de 4 mm
— 1 marcador
— Aguja lanera
— Botella de cristal de 7 cm de diámetro

▉ MEDIDAS
7 cm de diámetro x 16 cm de alto

▉ PUNTOS A TRABAJAR
— Cadeneta (cad)
— Punto raso (PR)
— Punto bajo (PB)
— Punto alto (PA)
— Tejer por la hebra trasera (HT)
— Punto piña (PPŃ). En el mismo punto, teje *3 PA a medias y cierra todos juntos para acabar con un solo punto.
*En ocasiones, a final de vuelta el PPŃ es de 2 PA. Esto se especifica siempre en el patrón.

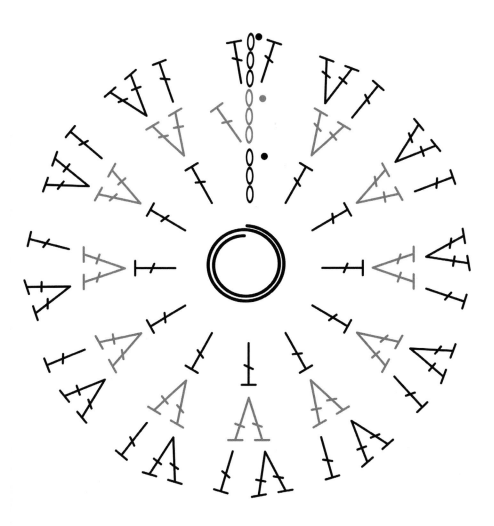

Esquema Funda de botella *vintage (cuerpo)*

Leer el gráfico en este sentido comenzando por la parte inferior derecha

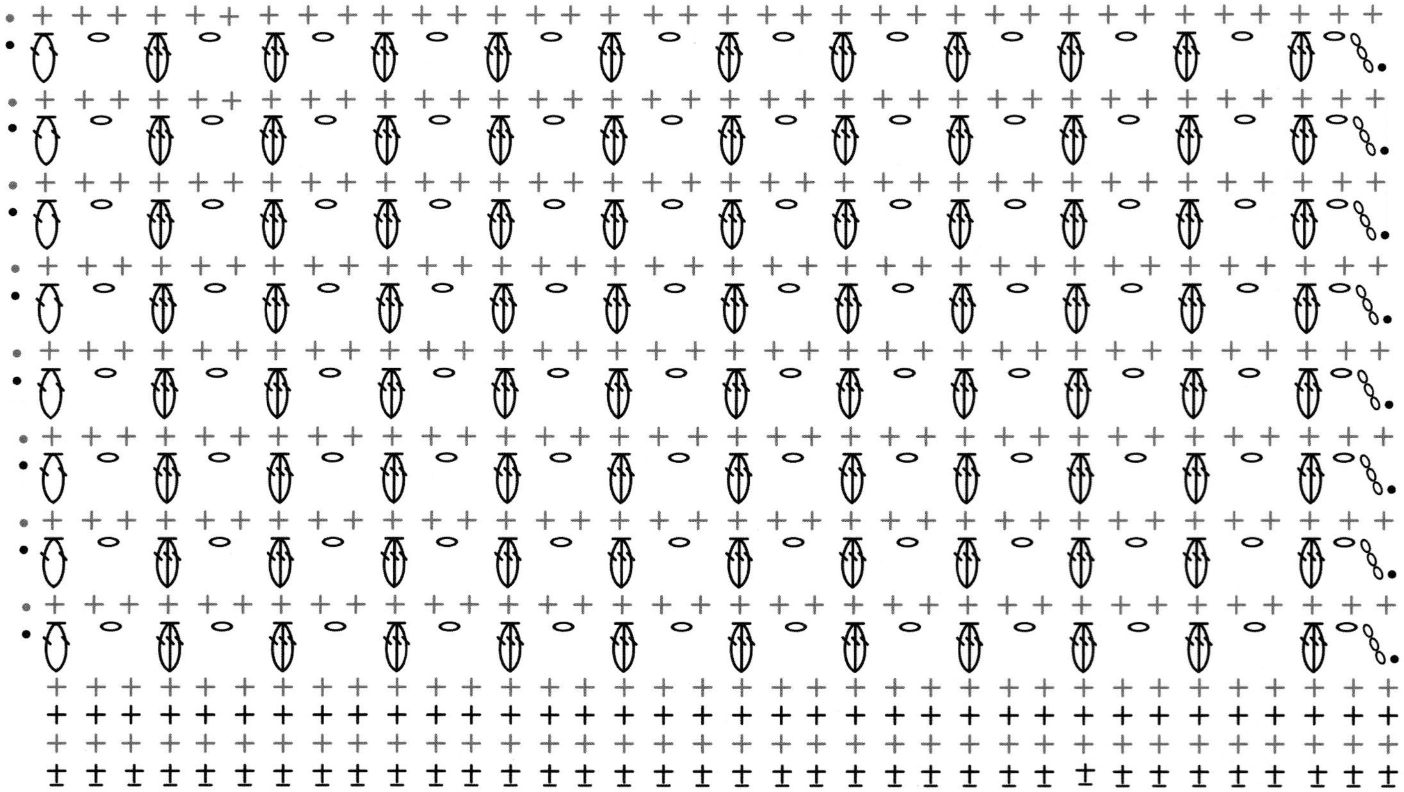

ANTES DE EMPEZAR
A TEJER

Esta funda está diseñada para una botella de 68 mm x 230 mm pero es muy fácil de modificar a otros tamaños. Simplemente tienes que aumentar el tamaño de la base y adaptar los puntos del cuerpo de la funda para lograr la misma secuencia. Si no queda exacta por el número de puntos total, juega con las cadenetas de separación entre puntos piña.

El patrón se comienza por la base y se va subiendo tejiendo todo de una pieza.

Las cadenetas de subida de la base cuentan como punto.

EL PATRÓN

● **Vuelta 0.** Monta un círculo mágico para tejer en él.

● **Vuelta 1.** 3 cad., 11 PA. Cierra con PR sobre la 3.ª cad.

● **Vuelta 2.** 3 cad. 1 PA en el primer punto. 2 PA juntos en cada punto. Cierra con PR. **Total 24 puntos.**

Vuelta 3. 3 cad. 1 PA en el primer punto. 1 PA, *2 PA juntos, 1 PA. Repite desde * hasta el final. Cierra con PR. **Total 36 puntos.**

▍ EL CUERPO

Las siguientes vueltas en PB se tejen en espiral sin cerrar las vueltas y sin cadeneta al inicio. Recuerda poner siempre el marcador en el primer punto.

Vuelta 1. 1 cad., PBHT desde el primer punto.

Vueltas 2 a la 4. Toda la vuelta en PB.

Vuelta 5. 1 PR en el primer punto. 5 cad., salta 2 puntos. *1 PPÑ, 1 cad., salta 2 puntos. Repite desde *. Acaba con 1 PPÑ de 2 PA. Cierra con PR en la 3.ª cad. de subida en el punto de cierre de la vuelta anterior.

Vuelta 6. Teje toda la vuelta en PB tejiendo 2 PB sobre las cad. y 1 PB sobre cada PPÑ. Cierra con PR sobre el 2.º PA del PPÑ.

Vuelta 7. 5 cad., salta 2 puntos, *1 PPÑ, 1 cad., salta 2 p. Repite desde *. Cierra con PR.

Vuelta 8. Teje toda la vuelta en PB tejiendo 2 PB sobre las cad. y 1 PB sobre cada PPÑ. Cierra con PR sobre el 2.º PA del PPÑ.

Repite las vueltas 7 y 8 hasta la vuelta 20 o hasta alcanzar el alto deseado. No cortar el hilo para continuar con el asa.

EL ASA

Vuelta 1. Teje 150 cad. o las necesarias para lograr el largo deseado. Salta 17 puntos (o ve hasta la mitad del círculo) y engancha con PR en el siguiente punto. Gira y teje en PB por un lado de la cad. Al llegar al otro extremo, continúa en PB por el lado del borde superior de la funda hasta llegar a la siguiente base del asa.
Teje 1 vuelta en PR por todo el asa. Cierra con PR. Corta y esconde el cabo.
Engancha con PR en el otro lateral del borde superior de la funda y teje en PB hasta llegar al primer lado del asa. Teje en PR por el lateral del asa. Al acabar cierra con PR. Corta y esconde el cabo.
Mete la botella en la funda y lleva contigo siempre tu bebida favorita.

CUELLO CURRETE

CUELLO CURRETE

No me gusta el frío. A pesar de haber vivido varios años en la montaña a más de mil metros de altura y disfrutar como una niña pequeña de cada nevada, me paso los meses de invierno soñando con la primavera y el verano.

Recuerdo la primera vez que me desperté en Andorra y mi terraza se había vuelto completamente blanca. Salté de la cama, cogí mi móvil y me puse a grabarlo todo para compartirlo con mi familia, que estaba a muchos kilómetros de allí.

En pijama, con el abrigo y las botas, salí con mi perro a la calle. Creo que él se sorprendió aún más que yo y se puso a correr como un loco sobre aquel manto blanco. Al ser una zona residencial no había tráfico y los pocos vecinos que me miraban tras sus ventanas no entendían tanta emoción. Para ellos era simplemente un día en el que les costaría muchísimo salir del garaje, llegarían tarde a trabajar y les tocaría limpiar a pala la entrada de sus casas. En resumen, un fastidio.

Mi labrador y yo nos fuimos de paseo y disfruté muchísimo de verle saltar sobre las montañas de nieve que se acumulaban por toda la zona.

Curro llegó a mi vida cuando solo tenía 6 semanas. Por aquel entonces vivía en la costa, por lo que se crio con temperaturas suaves y, por supuesto, nada de nieve.

Era una bolita negra que me mordía las manos sin parar y, desde entonces, no se ha separado de mí.

Nos hemos mudado en varias ocasiones de casa, de ciudad y hasta de país, y él siempre se ha adaptado a la perfección. Está claro que prefiero el mar, pero los años viviendo cerca de las estaciones de esquí fueron especiales gracias a él, a su manera de disfrutar de la montaña y a su locura contagiosa en cada nevada.

En el momento en el que viví la primera tormenta de nieve no sabía tejer, ni siquiera estaba en mi mente iniciarme en el crochet, pero algo de ese día se quedó grabado en mi interior y la primera vez que toqué un ovillo de lana gruesa supe que me haría un cuello. Algo muy suave que me calentase cada vez que volviese a nevar. Por cierto, también tejí uno para Currete.

NIVEL: avanzado

MATERIALES
— 200g La Alpaca Casasol (50gr/90m)
  Color taupe
— Ganchillo 5,5 mm
— Aguja lanera

MUESTRA
Para este proyecto no se especifica medida
  de la muestra ya que se puede tejer al
  tamaño que cada uno quiera.

MEDIDAS
Cuello cerrado y doblado a la mitad,
  53 x 15 cm

PUNTOS A TRABAJAR
— Cadeneta (cad)
— Punto raso (PR)
— Punto raso por la hebra trasera (prHT)
— Punto bajo (PB)
— Punto medio (PM)
— Punto alto doble (PAD)
— Punto alto triple (PAT)
— Relieve delantero (RD)

ANTES DE EMPEZAR A TEJER
Este proyecto se teje en plano de lado a lado.

Las cadenetas de inicio cuentan siempre
como el punto n.º 1.

Los puntos en relieve se enganchan sobre
los anteriores puntos en relieve para crear un
dibujo de cables entrelazados entre sí.

Es importante que no tenses mucho al
tejer para lograr una textura bonita y que no
encoja el proyecto.

Es probable que las primeras vueltas las
tengas que ir leyendo paso a paso, pero una

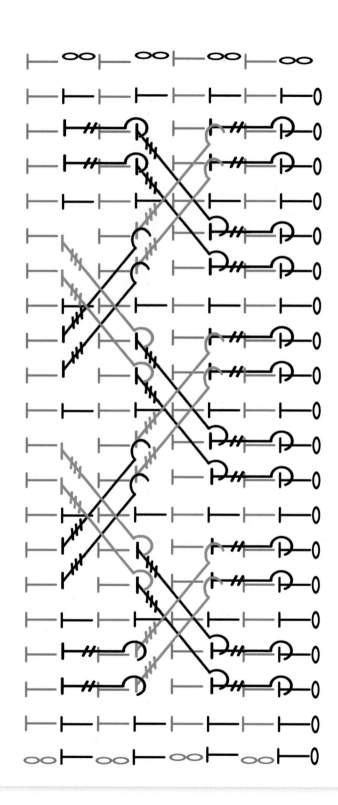

vez que le pillas la secuencia a las vueltas principales, siempre se repite lo mismo hasta el final.

Puedes escoger la medida de tu cuello y hacerlo tan largo como quieras simplemente tejiendo más o menos vueltas.

Advertencia para zurdas: el dibujo/los cruces salen para el lado contrario.

■ EL PATRÓN

● **Vuelta 0.** 20 cad.

● **Vuelta 1.** 2 cad. PM desde el tercer punto.

● **Vuelta 2.** 2 cad. PM desde el 2.º punto.

● **Vuelta 3.** 2 cad. PM en el 2.º punto. *2 padRDen los puntos correspondientes de dos vueltas por debajo, salta 2 puntos de la vuelta actual, 1 PM. Repite desde * hasta que quede 1 punto. 1 PM.

● **Vuelta 4.** 2 cad. PM desde el 2.º punto.

● **Vuelta 5.** 2 cad. 1 PM, *salta 3 puntos de 2 vueltas más abajo y teje 2 patRD sobre los 2 puntos en relieve (estos puntos quedan cruzados). Salta 2 puntos de la vuelta actual. 1 PM. 2 patRD retrocediendo 3 puntos de 2 vueltas por debajo sobre los puntos en relieve. Estos puntos quedan cruzados sobre los dos que acabas de tejer. Salta 2 puntos. 1 PM. Repite desde * hasta que quede 1 punto. 1 PM.

- **Vuelta 6**. 2 cad. PM desde el 2.º punto.

- **Vuelta 7**. 2 cad. 1 PM, 2 padRD sobre los PAT correspondientes dos vueltas por debajo, salta 2 puntos, 1 PM. *Salta 3 puntos de 2 vueltas más abajo y teje 2 patRD sobre los 2 PAT (estos puntos quedan cruzados). Salta 2 puntos de la vuelta actual. 1 PM. 2 patRD **pasando por debajo de los dos puntos en relieve que acabas de tejer** retrocediendo 3 puntos de 2 vueltas por debajo sobre los puntos en relieve. Estos dos puntos que acabas de tejer **quedan cruzados por debajo**. Salta 2 puntos de la vuelta actual. 1 PM. Repite desde * una vez más. 2 padRD sobre los PAT correspondientes dos vueltas por debajo, salta 2 puntos, 2 PM.

- **Vuelta 8.** 2 cad. PM desde el 2.º punto.

  Repite las vueltas 5 a la 8 hasta la vuelta 116.

- **Vuelta 117.** 2 cad. 1 PM, *salta 3 puntos de 2 vueltas más abajo y tejer 2 patRD sobre los

2 puntos en relieve (estos puntos quedan cruzados). Salta 2 puntos de la vuelta actual. 1 PM. 2 PAT RD retrocediendo 3 puntos de 2 vueltas por debajo sobre los puntos en relieve. Estos puntos quedan cruzados sobre los dos que acabas de tejer. Salta 2 puntos. 1 PM. Repite desde * hasta que quede 1 punto. 1 PM.

Una vez que tienes el largo que quieras, es el momento de unirlo.

▨ LA UNIÓN

Dobla la pieza del derecho y enfrenta la primera vuelta con la última. Une ambas vueltas con punto raso tejiendo cada punto cogiendo solo la hebra de arriba en la pieza de delante y por la hebra de abajo en la pieza de detrás.

Sin cortar el cabo, teje una vuelta en PB por todo el lateral del proyecto. Teje los puntos de manera que queden bien repartidos haciendo 2 PB sobre las zonas de PM y cadenetas de inicio y 1 PB entre vueltas.

Teje las dos siguientes vueltas en circular poniendo un marcador en el primer punto sin cerrar las vueltas de la siguiente forma: prHT.

Repite las 3 últimas vueltas en el otro lateral.

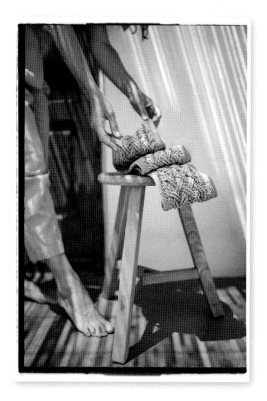

CATEGORÍA III.
LA COMUNIDAD

Tras haber escrito varios *ebooks* y patrones, *Santa Pazienzia* se había vuelto una realidad. Era una miniempresa y un trabajo a tiempo completo que me satisfacía día a día.

No paraba de impartir talleres en diferentes ciudades y pasó algo maravilloso. Comenzó a crearse una comunidad.

Gracias tanto a las redes sociales como a los *workshops* que impartía en ferias y mercerías de decenas de ciudades, se empezaron a crear grandes amistades.

Cada vez que organizaba un taller en una ciudad pasaban dos cosas maravillosas. Lo primero, desvirtualizaba a personas con las que llevaba hasta años hablando por redes sociales. Con algunas de ellas, tenía ya bastante confianza y teníamos contacto casi a diario, pero nos faltaba lo que yo llamo «el achuchón».

Cuando te abrazas con alguien a quien no has visto nunca pero que es parte de tu día a día, ese abrazo se convierte en mucho más. Dura más segundos de lo normal, gritas al mismo tiempo y sobre todo, la felicidad es tanta que si estornudas, sientes que te sale confeti.

Gracias a esos momentos puedo presumir de haber ganado grandes amigas que traspasan el ámbito del crochet.

A parte de esta bonita conexión entre seguidoras/alumnas y yo misma, se produce la segunda cosa que me parece preciosa y es la de las amistades que surgen entre las propias participantes del evento.

Normalmente, cuando las plazas de un taller salen a la venta, la gente se apunta sola o, como mucho, con alguna amiga o familiar, y al llegar allí descubren que no están solas. Hay muchas más personas que disfrutan de hacer crochet y resulta que ellas mismas se sorprenden de lo mucho que tienen en común con alguien que se acaba de sentar a su lado.

En las horas que dura la clase se comienzan a crear afinidades y es hermoso ver cómo se ayudan las unas a las otras cuando no saben seguir con su proyecto. Yo suelo estar pendiente de todo lo que pasa, de la que se atrasa, de la que se frustra e incluso de la que va como una bala, pero sobre todo, cuando alguna va algo perdida, observo si su compañera está dispuesta a ser su guía y si es así, me encanta dejarles su espacio para que se apoyen la una en la otra.

Es muy común que los talleres acaben con alguna participante montando un grupo por mensajería para volver a quedar entre ellas o simplemente estar al día y compartir sus logros de tejedoras.

Gracias a esto y a otras acciones como talleres *online*, compartir proyectos en redes sociales, emails, etc., la comunidad Santa Pazienzia no ha parado de crecer.

Mientras este increíble fenómeno se fue formando, yo seguía evolucionando y creciendo tanto como tejedora como profesionalmente, ampliando la empresa y lanzándome a tener mi propia tienda *online* de materiales para tejer.

Una vez más, ese crecimiento no fue forzado. Desde la primera cadeneta que tejí, cada paso que fui dando fue natural. Cuando me consolidaba en algo, se abría una nueva puerta que me invitaba a dar el siguiente paso y que yo lo fui aceptando y agradeciendo en cada momento.

BOLSO FERIA

BOLSO FERIA

Hay algo más placentero que tejer para uno mismo y es tejer para los demás.

Cuando regalas algo que has hecho tú, estás regalando mucho más que un objeto material. Estás regalando tu tiempo y eso es lo más preciado que tenemos.

Todo el proceso cuenta. Desde escoger los materiales, el color, el proyecto y comenzar con las primeras vueltas. Mientras tejes para esa persona, la tienes en mente e imaginas la cara que pondrá cuando vea que lo has hecho para ella.

Si esa persona te conoce, sabrá desde el primer segundo lo que eso significa. No importa si el proyecto es grande o pequeño, su valor es incalculable y tendrá un poquito de ti siempre.

De mis primeros bolsos solo me queda uno, pero lo más bonito es que el resto no los he perdido porque muchos de ellos los regalé a mis amigas y familiares.

Mis amigas de la infancia son parte de mi familia y aunque cada una hemos tomado caminos diferentes y vivimos a cientos de kilómetros las unas de las otras estamos tan unidas como cuando teníamos 15 años y hacíamos fiestas de pijama.

No hay nadie con quien me ría más que con ellas. Ya sea recordando nuestras locas noches de feria como charlando un día cualquiera en la playa de nuestras cosas, las carcajadas que nos salen juntas son diferentes. Por eso, cada verano, cuando se acerca el mes de julio morimos de nervios porque tenemos la suerte de poder pasar dos meses completos juntas en nuestro pueblo.

El día que quedamos para la primera «cena de chicas» llegamos pletóricas y, tras nuestros besos, achuchones y la primera copa de vino, me doy cuenta de que allí están, esos primeros bolsos de trapillo que tejí y que ellas conservan perfectos como fieles guardianas de mi historia como crochetera.

■ **NIVEL: intermedio**

■ **MATERIALES**
— 300 g algodón XL Casasol. (200g /185m) color maquillaje
— Ganchillo 5 mm
— 2 arandelas con apertura
— 1 asa larga
— 1 cremallera de 25 cm
— 1 marcador
— Aguja lanera
— Aguja de coser e hilo

■ **MEDIDAS**
27 cm ancho x 14 cm de diámetro

■ **MUESTRA 10x10 cm**
14 puntos x 10 vuelta en punto fantasía:

● **Vuelta 1.** Teje un número par de puntos altos +1 con la técnica de inicio sin cadeneta.

● **Vuelta 2.** 2 cad. **1 paRD, *1 paRT, 1 paRD.** Repite desde * hasta que quede 1 punto. 1 PM.

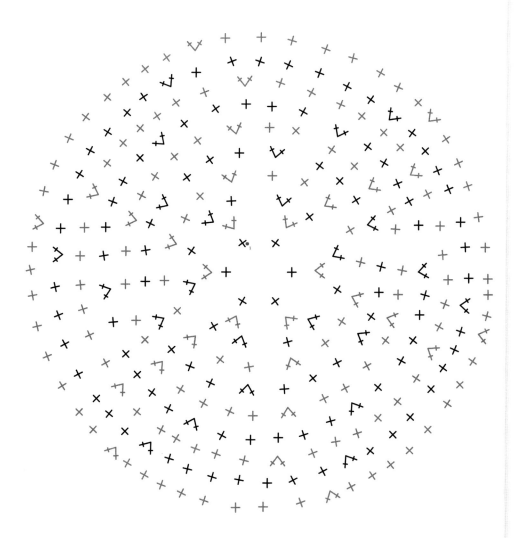

Esquema Bolso feria (pieza principal)

Leer el gráfico en este sentido comenzando por la parte inferior derecha

■ PUNTOS A TRABAJAR

— Cadeneta (cad)
— Punto raso (PR)
— Punto bajo (PB)
— Punto bajo centrado (PBC)
— Punto medio (PM)
— Punto alto (PA)
— Punto cangrejo (PC)
— Relieve delantero (RD)
— Relieve trasero (RT)

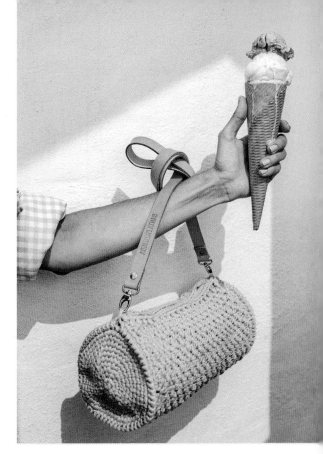

■ ANTES DE EMPEZAR A TEJER

Este proyecto se teje por piezas. Por una parte, la pieza central se teje en plano, de lado a lado en puntos en relieve delanteros y traseros con los que se consigue un punto fantasía entrelazado perfecto para un bolso.

Los laterales del bolso son dos piezas redondas tejidas en circular con punto bajo centrado para que le dé cuerpo y estructura al proyecto.

Una vez que se tienen las tres piezas, se unen para montar el bolso al que se le cose una cremallera y se le coloca el asa.

■ EL PATRÓN

■ PIEZA CENTRAL

 Vuelta 1. Teje 37 puntos altos con la técnica de inicio sin cadeneta.

Vuelta 2. 2 cad. **1 paRD, *1 paRT, 1 paRD**. Repite desde * hasta que quede 1 punto.
1 PM.
Repite la vuelta 2 hasta la 36.

Sin cortar el cabo, teje una vuelta de contorno por los 4 costados de la pieza que acabas de tejer. En los laterales (las zonas más largas), haz los puntos bien repartidos, 60 PB y en las zonas de la primera y última vuelta, teje 1 PB en cada punto. Corta y esconde el cabo.

■ LOS LATERALES

Estas piezas se tejen en circular y en espiral sin cerrar las vueltas así que es importante que uses un marcador para detectar el inicio de vuelta. El sistema de aumentos para ir agrandando el círculo es

muy simple. Puedes ir alternando dónde hacer los aumentos para que no coincidan unos encima de otros y no se marquen esquinas.

Monta un anillo mágico para tejer en él.

● **Vuelta 1.** Teje 6 PB en el anillo. Al acabar estira bien y cierra el círculo.

● **Vuelta 2.** 2 PB en cada punto.

A partir de esta vuelta, se teje en punto bajo centrado. Si te cuesta mucho, puedes tejerlo en punto bajo normal aunque el dibujo quedará algo diferente.

● **Vuelta 3.** *1 PBC, 2 PBC juntos. Repite desde * hasta acabar la vuelta.

● **Vuelta 4.** *2 PBC, 2 PBC juntos. Repite desde * hasta acabar la vuelta.

114

Vuelta 5. *3 PBC, 2 PBC juntos. Repite desde * hasta acabar la vuelta.

Vuelta 6. *4 PBC, 2 PBC juntos. Repite desde * hasta acabar la vuelta.

Vuelta 7. *5 PBC, 2 PBC juntos. Repite desde * hasta acabar la vuelta.

Vuelta 8. *6 PBC, 2 PBC juntos. Repite desde * hasta acabar la vuelta.

Vuelta 9. *7 PBC, 2 PBC juntos. Repite desde * hasta acabar la vuelta.

Vuelta 10. *8 PBC, 2 PBC juntos. Repite desde * hasta acabar la vuelta.

Cierra con PR, corta y esconde el cabo.
Repite el patrón para tener dos piezas iguales.

LA UNIÓN

Coloca la pieza central enfrentada revés con revés con una de las piezas circulares y une por la zona del lateral en punto cangrejo cogiendo a la vez 1 punto de la pieza central y 1 punto del círculo.
Repite el mismo proceso con el otro lateral.

LA CREMALLERA

Coloca la cremallera en la apertura y cósela a mano con aguja e hilo.
Engancha las arandelas al bolso con ayuda de unos alicates y cuelga de ahí el asa.

CÁRDIGAN MIFA

CÁRDIGAN MIFA

Una de las mejores cosas que el crochet me ha dado ha sido conocer gente maravillosa que de otra forma, nunca se hubieran cruzado en mi camino.

De entre todas esas personas, hubo una que robó mi corazón desde el primer segundo.

Un día en el que andaba pasando el rato echando un vistazo a mis redes sociales, me topé con la foto de un proyecto a crochet que llamó especialmente mi atención. Era un bikini a ganchillo y era mi estilo totalmente. Enseguida seguí el enlace al perfil de su diseñadora y no podía creer lo que estaba viendo. Se trataba de otra diseñadora que, como yo, se dedicaba a crear patrones y todas y cada una de sus fotos me volvían loca.

Le mandé un mensaje para decirle lo mucho me gustaba su trabajo, compré el patrón del bikini y ahí empezó nuestra historia de «gemeliers». Lo llamamos así porque la conexión fue total desde el principio. Es como si nos hubieran separado al nacer. Una rubia y una morena, pero con el mismo humor, los mismos gustos, la misma forma de ver la vida y entender el crochet… sin duda, uno de los mayores apoyos con los que cuento en mi vida profesional y personal y por eso yo la llamo «mifa», que significa «mi amiga favorita».

Este cárdigan está inspirado en ella, en Alicia, y está tejido con ese falso punto bobo tan reconocible en sus diseños.

Disfrutemos tejiendo este proyecto de su País de las Maravillas.

■ **NIVEL: intermedio**

■ **MATERIALES**
— Amour Single Ply Casasol 900g (900 gr, 990 gr)
— Ganchillo 12 mm
— 6 Marcadores
— Aguja lanera
— Cuenta vueltas

■ **MEDIDAS**

Talla 1
Ancho: 55 cm
Largo: 63 cm
Largo de manga desde la sisa: 45 cm
Profundidad de sisa: 36 cm

Talla 2
Ancho: 65 cm
Largo:65 cm
Largo de manga desde la sisa: 45 cm
Profundidad de sisa: 40 cm

Talla 3
Ancho: 75 cm
Largo: 67 cm
Largo de manga desde la sisa: 47 cm
Profundidad de sisa: 39 cm

■ **MUESTRA 10x10 cm**
12 puntos x 14 vueltas en punto bobo (1 vuelta prHD y 1 vuelta prHT)

■ **PUNTOS A TRABAJAR**
— Cadeneta (cad)
— Punto raso (PR)
— Punto bajo (PB)
— Hebra delantera (HD)
— Hebra trasera (HT)
— Coloca marcador (c.m.)
— Disminución (dism.) 2 puntos cerrados en 1

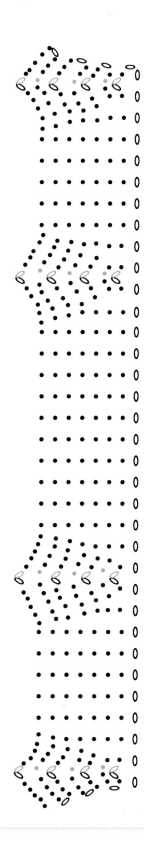

▮ ANTES DE EMPEZAR A TEJER

Este proyecto es una prenda tejida de una pieza y sin costuras con la técnica *top-down*.

Es un patrón con un punto sencillo que imita a lo que se conoce como punto bobo en dos agujas y que se consigue combinando vueltas en punto raso tejido por la hebra delantera con vueltas con punto raso tejido por la hebra trasera.

Para que quede un tejido mullido es importante que se teja con una aguja de un grosor mucho mayor al que recomienda la lana y se teja suelto. El tejido con este tipo de puntada encoge bastante.

Lo más delicado de este proyecto es la zona del canesú ya que es ahí donde se hacen los aumentos y es imprescindible que uses marcadores. Incluso si tienes nivel avanzado de crochet, deberías utilizarlos para no perderte. Colócalos siempre cogiendo las dos hebras del punto. Además de colocar los marcadores en las zonas de aumentos, te recomiendo que también los pongas en el primer y último punto.

El cárdigan se compone de varias partes. La primera y por la que empiezas a tejer es el canesú que va desde el cuello hasta la sisa. En el canesú hay 4 zonas de aumentos que son las que marcan la manga ranglan. Estas zonas de aumentos dividen las 5 partes de la prenda que son: delantero 1, hombro 1, espalda, hombro 2, delantero 2.

Una vez alcanzada la profundidad de sisa, se separan mangas y se comienza a tejer de lado a lado sin aumentos hasta tener el largo del cuerpo.

Un cuenta-vueltas te puede resultar muy útil para saber cuándo te tocan las vueltas con aumento extra en los delanteros.

Para contar el número de puntos es mejor hacerlo en las vueltas impares; te resultará mucho más sencillo.

▮ EL PATRÓN
▮ TODAS LAS TALLAS.

- **Vuelta 0.** Monta 34 cadenetas. En la siguiente vuelta vas a colocar marcadores para comenzar con los aumentos y dividir las diferentes partes del cárdigan.

- **Vuelta 1.** 1 cad. 1PR (este punto corresponde al delantero 1), 2 cad. (c.m. en la primera cad.) 9 PR (estos son los puntos del hombro 1), 2 cad. (c.m. en la primera cad.), 14 PR (estos son los puntos que le corresponden a la zona de la espalda), 2 cad. (c.m. en la primera cad.), 9 (estos son los puntos del hombro 2) PR, 2 cad. (c.m. en la primera cad.), 1 PR (este es el punto del delantero 2).

- **Vuelta 2.** 1 cad., 1 prHT (c.m. en el primer punto). prHT en cada punto, colocando de nuevo los marcadores en su sitio.

- **Vuelta 3.** 1 cad., 1 prHD (c.m. en el primer punto). prHD hasta llegar al siguiente

marcador. *En el punto donde estaba el marcador teje 1 prHD, 2 cad., (c.m. en la primera cad.) prHD hasta el siguiente marcador. Repite * hasta llegar al último punto. Acaba con 1 prHD.

- **Vuelta 4.** 1 cad., 1 prHT (c.m. en el primer punto). prHT en cada punto, colocando de nuevo los marcadores en su sitio.

- **Vuelta 5.** 1 cad., 1 prHD (c.m. en el primer punto). prHD hasta llegar al siguiente marcador. *En el punto donde estaba el marcador teje 1 prHD, 2 cad., (c.m. en la primera cad.) prHD hasta el siguiente marcador. Repite desde * hasta llegar al último punto. Acaba con 1 prHD.

- **Vuelta 6.** 1 cad., 1 prHT (c.m. en el primer punto). prHT en cada punto, colocando de nuevo los marcadores en su sitio.

- **Vuelta 7.** EN ESTA VUELTA SE AUMENTA 1 PUNTO EN CADA DELANTERO. 1 cad., 1 prHD (c.m. en el primer punto). prHD hasta llegar al siguiente marcador. En el punto donde estaba el marcador teje **2 prHD**, 2 cad., (c.m. en la primera cad.) prHD hasta el siguiente marcador. *En el punto donde estaba el **marcador teje 1 prHD, 2 cad.,** (c.m. en la primera cad.) prHD hasta el siguiente marcador. Repite desde * hasta llegar al penúltimo marcador (el de la última zona de aumentos). En el punto donde estaba el marcador teje 1 prHD, 2 cad., (c.m. en la primera cad.), **2 prHD** en el siguiente punto. prHD hasta el final.

Repite las vueltas 4 y 5 hasta la vuelta 13.

- **Vuelta 14.** 1 cad., 1 prHT (c.m. en el primer punto). prHT en cada punto, colocando de nuevo los marcadores en su sitio.

- **Vuelta 15.** EN ESTA VUELTA SE AUMENTA 1 PUNTO EN CADA DELANTERO. 1 cad., 1 prHD (c.m. en el primer punto). prHD hasta llegar al siguiente marcador. En el punto donde estaba el marcador teje **2 prHD**, 2 cad., (c.m. en la primera cad.) prHD hasta el siguiente marcador. *En el punto donde estaba el marcador teje 1 prHD, 2 cad., (c.m. en la primera cad.) prHD hasta el siguiente marcador. Repite desde * hasta llegar al penúltimo marcador (el de la última zona de aumentos). En el punto donde estaba el marcador teje 1 prHD, 2 cad., (c.m. en la primera cad.), **2 prHD** en el siguiente punto. prHD hasta el final.

Repite las vueltas 4 y 5 hasta la vuelta 19.

- **Vuelta 20.** 1 cad., 1 prHT (c.m. en el primer punto). prHT en cada punto, colocando de nuevo los marcadores en su sitio.

● **Vuelta 21.** EN ESTA VUELTA SE AUMENTA 1 PUNTO EN CADA DELANTERO. 1 cad., 1 prHD (c.m. en el primer punto). prHD hasta llegar al siguiente marcador. En el punto donde estaba el marcador teje **2 prHD**, 2 cad., (c.m. en la primera cad.) prHD hasta el siguiente marcador. *En el punto donde estaba el marcador teje 1 prHD, 2 cad., (c.m. en la primera cad.) prHD hasta el siguiente marcador. Repite desde * hasta llegar al penúltimo marcador (el de la última zona de aumentos). En el punto donde estaba el marcador teje 1 prHD, 2 cad., (c.m. en la primera cad.), **2 prHD** en el siguiente punto. prHD hasta el final.

Repite las vueltas 4 y 5 hasta la vuelta 25.

● **Vuelta 26.** 1 cad., 1 prHT (c.m. en el primer punto). prHT en cada punto, colocando de nuevo los marcadores en su sitio.

● **Vuelta 27.** EN ESTA VUELTA SE AUMENTA 1 PUNTO EN CADA DELANTERO. 1 cad., 1 prHD (c.m. en el primer punto). prHD hasta llegar al siguiente marcador. En el punto donde estaba el marcador teje **2 prHD**, 2 cad., (c.m. en la primera cad.) prHD hasta el siguiente marcador. *En el punto donde estaba el marcador teje 1 prHD, 2 cad., (c.m. en la primera cad.) prHD hasta el siguiente marcador. Repite desde * hasta llegar al penúltimo marcador (el de la última zona de aumentos). En el punto donde estaba el marcador teje 1 prHD, 2 cad., (c.m. en la primera cad.), **2 prHD** en el siguiente punto. prHD hasta el final.

Repite las vueltas 4 y 5 hasta la vuelta 33.

Vuelta 34. 1 cad., 1 prHT (c.m. en el primer punto). prHT en cada punto, colocando de nuevo los marcadores en su sitio.

Vuelta 35. EN ESTA VUELTA SE AUMENTA 1 PUNTO EN CADA DELANTERO. 1 cad., 1 prHD (c.m. en el primer punto). prHD hasta llegar al siguiente marcador. En el punto donde estaba el marcador teje **2 prHD**, 2 cad., (c.m. en la primera cad.) prHD hasta el siguiente marcador. *En el punto donde estaba el marcador teje 1 prHD, 2 cad., (c.m. en la primera cad.) prHD hasta el siguiente marcador. Repite desde * hasta llegar al penúltimo marcador (el de la última zona de aumentos). En el punto donde estaba el marcador teje 1 prHD, 2 cad., (c.m. en la primera cad.), **2 prHD** en el siguiente punto. prHD hasta el final.

Vuelta 36. 1 cad., 1 prHT (c.m. en el primer punto). prHT en cada punto, colocando de nuevo los marcadores en su sitio.

Vuelta 37. 1 cad., 1 prHD (c.m. en el primer punto). prHD hasta llegar al siguiente marcador. *En el punto donde estaba el marcador teje 1 prHD, 2 cad., (c.m. en la primera cad.) prHD hasta el siguiente marcador. Repite desde * hasta llegar al último punto. Acaba con 1 prHD.

Vuelta 38. 1 cad., 1 prHT (c.m. en el primer punto). prHT en cada punto, colocando de nuevo los marcadores en su sitio.

▓ SOLO PARA TALLAS 2 Y 3

Vuelta 39. 1 cad., 1 prHD (c.m. en el primer punto). prHD hasta llegar al siguiente marcador. *En el punto donde estaba el marcador teje 1 prHD, 2 cad., (c.m. en la primera cad.) prHD hasta el siguiente marcador. Repite desde * hasta llegar al último punto. Acaba con 1 prHD.

Vuelta 40. 1 cad., 1 prHT (c.m. en el primer punto). prHT en cada punto, colocando de nuevo los marcadores en su sitio.

Vuelta 41. EN ESTA VUELTA SE AUMENTA 1 PUNTO EN CADA DELANTERO. 1 cad., 1 prHD (c.m. en el primer punto). prHD hasta llegar al siguiente marcador. En el punto donde estaba el marcador teje **2 prHD**, 2 cad., (c.m. en la primera cad.) prHD hasta el siguiente marcador. *En el punto donde estaba el marcador teje 1 prHD, 2 cad., (c.m. en la primera cad.) prHD hasta el siguiente marcador. Repite desde * hasta llegar al penúltimo marcador (el de la última zona de aumentos). En el punto donde estaba el marcador teje 1 prHD, 2 cad., (c.m. en la primera cad.), **2 prHD** en el siguiente punto. prHD hasta el final.

Vuelta 42. 1 cad., 1 prHT (c.m. en el primer punto). prHT en cada punto, colocando de nuevo los marcadores en su sitio.

■ SOLO PARA TALLA 3

Vuelta 43. 1 cad., 1 prHD (c.m. en el primer punto). prHD hasta llegar al siguiente marcador. *En el punto donde estaba el marcador teje 1 prHD, 2 cad., (c.m. en la primera cad.) prHD hasta el siguiente marcador. Repite desde * hasta llegar al último punto. Acaba con 1 prHD.

Vuelta 44. 1 cad., 1 prHT (c.m. en el primer punto). prHT en cada punto, colocando de nuevo los marcadores en su sitio.

Vuelta 45. 1 cad., 1 prHD (c.m. en el primer punto). prHD hasta llegar al siguiente marcador. *En el punto donde estaba el marcador teje 1 prHD, 2 cad., (c.m. en la primera cad.) prHD hasta el siguiente marcador. Repite desde * hasta llegar al último punto. Acaba con 1 prHD.

Vuelta 46. 1 cad., 1 prHT (c.m. en el primer punto). prHT en cada punto, colocando de nuevo los marcadores en su sitio.

■ SEPARACIÓN DE MANGAS

Vuelta de separación. 1 cad. 1 prHD (c.m. en el primer punto) prHD hasta el primer marcador, 3 (3, 5) cad. Salta todos los puntos hasta el siguiente marcador. prHD hasta el siguiente marcador. 3 (3, 5) cad. Salta todos los puntos hasta el siguiente marcador. prHD hasta el final.

▓ EL LARGO DEL CÁRDIGAN

● **Vuelta 1.** 1 cad., 1 prHT (c.m. en el primer punto). prHT hasta el final. (En las zonas de las cad. al aire de la vuelta anterior, simplemente teje en PR.

● **Vuelta 2.** 1 cad., 1 prHD (c.m. en el primer punto). prHD hasta el final.

● **Vuelta 3.** 1 cad., 1 prHT (c.m. en el primer punto). prHT hasta el final.

Repite las vueltas 2 y 3 hasta la vuelta 34 (34, 36).

● **Vuelta 35** (35, 37). Vuelta de disminuciones. 1 cad., 1 prHT (c.m. en el primer punto). *1 dism., 1 prHT. Repite desde * hasta el final sin importar si acabas en punto o en disminución.

▓ PATENTE INFERIOR

La patente inferior se hace en punto elástico cambiando el sentido del tejido. Hasta ahora, has tejido de arriba hacia abajo y el bajo lo vas a tejer de un lado a otro.

Es importante que te encuentres en el bajo del delantero izquierdo si eres diestra y en el derecho si eres zurda.

Los PR de unión con el bajo se tejen cogiendo el punto completo y cada vez que se acaba una vuelta se gira el proyecto para tejer de lado a lado.

● **Vuelta 0.** (Sin cortar el cabo si acabas en el delantero izquierdo y cortándolo si acabas en el derecho), teje 7 cadenetas al aire.

● **Vuelta 1.** 1 cad., PR. Al llegar al bajo de la prenda, haz una dism. en punto raso con los 2 siguientes puntos.

● **Vuelta 2.** Salta 1 punto. prHT.

● **Vuelta 3.** 1 cad., prHT. Al llegar al bajo de la prenda, haz una dism. en punto raso con los 2 siguientes puntos.

● **Vuelta 4.** Salta 1 punto. prHT.

Repite las vueltas 3 y 4 hasta el final. Si el último punto no te da para una disminución no pasa nada, puedes tejer las últimas 2 vueltas sin haber hecho una disminución al final.

▓ LOS DELANTEROS Y CUELLO

Sin cortar el hilo, continúa con la patente en falso punto elástico subiendo por el delantero 1, pasando por el cuello y bajando el delantero 2 de la siguiente forma:

*Nota: los PR que enganchan con el cuerpo del cáardigan se tejen entre vueltas de punto bobo.

▓ PRIMER DELANTERO

- **Vuelta 0.** Sin cortar el cabo, teje 5 cadenetas al aire.
- **Vuelta 1.** 1 cad., PR. 1 PR en el siguiente punto
- **Vuelta 2.** Salta 1 punto. prHT.
- **Vuelta 3.** 1 cad., prHT. 1 PR en el siguiente punto.

Repite las vueltas 2 y 3 hasta cubrir el primer delantero y llegar a la zona del cuello.

▓ EL CUELLO

La zona del cuello abarca todos los puntos de los hombros y de la espalda.

- **Vuelta 1.** Salta 1 punto. prHT.
- **Vuelta 2.** 1 cad., prHT. Al llegar al bajo de la prenda, haz una dism. en punto raso con los 2 siguientes puntos.

Repite las vueltas 1 y 2 hasta cubrir toda la zona del cuello.

▓ SEGUNDO DELANTERO

Al igual que en el primero, vas a ir tejiendo toda la tapeta del segundo delantero pero esta vez, de arriba hacia abajo.

- **Vuelta 1.** Salta 1 punto. prHT.
- **Vuelta 2.** 1 cad., prHT. 1 PR en el siguiente punto.

Repite las vueltas 1 y 2 hasta el final.

Corta y esconde el cabo.

▓ LAS MANGAS

Las mangas se tejen de lado a lado pero cerrando cada vuelta y girando el proyecto en cada vuelta para lograr una pieza redonda y sin costuras.

Es importante que uses dos marcadores para no cometer errores al inicio y final de cada vuelta.

Un marcador se colocará siempre en el primer punto y en el punto de cierre.

El punto de cierre se hace cogiendo la hebra que corresponde a la vuelta.

- **Vuelta 1.** Con la prenda del derecho, engancha en el centro de la parte baja de la sisa con un PR. 1 cad., 1 prHD (c.m.), prHD hasta el final. Cierra con 1 PR en el primer punto (c.m.). Gira el proyecto para tejer por el lado del revés.

- **Vuelta 2.** 1 cad., salta el primer punto, 1 prHT (c.m.), prHT hasta el final (el marcador de inicio de vuelta de la vuelta anterior te ayuda a ver cuál es el último punto a tejer en la vuelta actual). Cierra con 1 PR en el primer punto (c.m.). Gira el proyecto para tejer por el lado del derecho.

● **Vuelta 3.** 1 cad., salta el primer punto, 1 prHD (c.m.), prHD hasta el final. Cierra con 1 PR en el primer punto (c.m.). Gira el proyecto para tejer por el lado del revés.
Repite las vueltas 2 y 3 hasta la vuelta 47.

▦ EL PUÑO
A partir de ahora vas a tejer en circular sin girar el proyecto siempre del derecho.
● **Vuelta 1.** 1 cad. dism. en PR en cada punto. Cierra con un PR.

● **Vuelta 2.** 1 cad. dism. en PR en cada punto. Cierra con un PR.

El puño en falso punto elástico:
Sin cortar el hilo, continúa con la patente en falso punto elástico.
● **Vuelta 0.** Sin cortar el cabo, teje 7 cadenetas al aire.

● **Vuelta 1.** 1 cad., PR. 1 PR en el siguiente punto del puño. Gira

● **Vuelta 2.** Salta 1 punto. prHT. Gira.

● **Vuelta 3.** 1 cad., prHT. 1 PR en el siguiente punto del puño. Gira.

Repite las vueltas 2 y 3 hasta cubrir todos los puntos del puño.
Deja lana suficiente para coser el puño y une con una aguja lanera la primera vuelta con la última. Repite el patrón en la otra manga.

CONJUNTO BAÑO SP

CONJUNTO BAÑO SP

Nuestra conexión es como si nos hubiésemos criado juntas desde pequeñas.

Aún recuerdo el primer taller que impartí. Estaba más nerviosa que todas las chicas juntas que habían sido invitadas. Me enfrentaba por primera vez a un grupo grande, totalmente principiantes y no sabía muy bien si aquello me iba a sobrepasar.

Llegué con bastante antelación y comenzó el ritual que he seguido después en todos los talleres. Colocar la mesa y las sillas, repartir los materiales de todas las alumnas en sus sitios, decorar el centro... dejarlo bonito y esperar a que vayan llegando para ponerles cara y darles un buen achuchón.

Comencé con mi presentación y mis explicaciones y, a los pocos minutos, los nervios habían pasado y comencé a disfrutar de esa experiencia.

Una vez que las alumnas han entendido lo que tienen que hacer y se ponen en marcha, llega el momento de comenzar a hablar, de que ellas me cuenten quiénes son y cómo han llegado hasta ese taller. Tengo historias increíbles de mujeres que han pasado por mis clases y recuerdo cada una de ellas al detalle.

Entre esas alumnas había 2 que se convertirían en personas imprescindibles en mi vida.

Lo que comenzó como quedadas para tejer, se convirtió en una gran amistad que perdura y perdurará en el tiempo. Y todo por haber salido una mañana de sábado a tejer.

Esos dos seres de luz son unas amantes de todos mis proyectos. Me atrevería a afirmar que tienen todos los que alguna vez he diseñado y los conservan como lo que son, grandes tesoros tejidos por ellas mismas.

Con el tiempo, los talleres nos trajeron una más al equipo y desde entonces, las 4, Noelia, Amaia, Mónica y yo, formamos un grupo de amigas que, a pesar de la distancia, sabemos que estamos ahí para apoyarnos siempre que haga falta.

Este conjunto podría ser perfectamente unos de los proyectos de los talleres de principiantes en los que conocí a mis chicas y con los que tanto disfrutamos tejiendo y charlando.

▥ NIVEL: iniciación
▥ MATERIALES
— 100 g algodón peinado L Casasol (color maquillaje y color salmone para los flecos)
— Ganchillo de 4 mm o el necesario para igualar la muestra
— Aguja lanera

Para tejer estos proyectos te recomiendo que uses un algodón 100 %, ya que es un material perfecto para contacto con la piel y además aguanta los lavados perfectamente.

▥ MEDIDAS
Discos: 75 mm de diámetro
Toallita: 30 x 25 cm

▥ MUESTRA 10 x 10 cm
19 puntos x 13 vueltas.
Teje alternando una vuelta en punto alto y una en PB

▥ PUNTOS A TRABAJAR
— Cadeneta (cad)
— Punto raso (PR)
— Punto bajo (PB)
— Punto alto (PA)
— Punto garbanzo (PG). Punto de 3 pasadas.

▥ ANTES DE EMPEZAR A TEJER
Este conjunto se compone de dos modelos de discos desmaquillantes y una toallita de lavabo.

Los discos se tejen en circular y la toallita en plano de lado a lado. Todos ellos pueden hacerse de diferentes tamaños añadiendo simplemente más vueltas o más puntos de base.

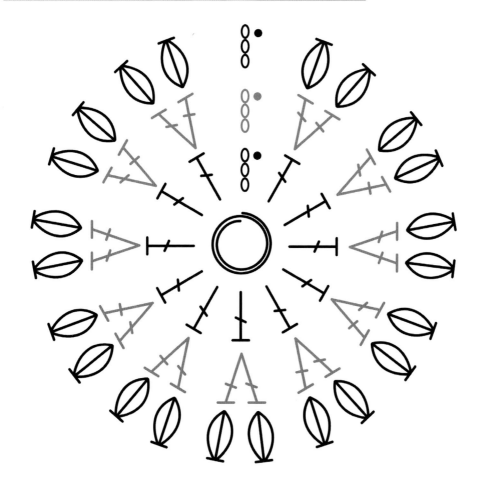

▓ EL PATRÓN

DISCO I.

● **Vuelta 0.** Monta un círculo mágico para tejer en él.

● **Vuelta 1.** 3 cad., 11 PA. Cierra con PR.

● **Vuelta 2.** 3 cad., 1 PA en el primer punto, 2 PA en cada punto. Cierra con PR.

● **Vuelta 3.** 3 cad., PG en cada punto. Cierra con PR. Corta y esconde el cabo.

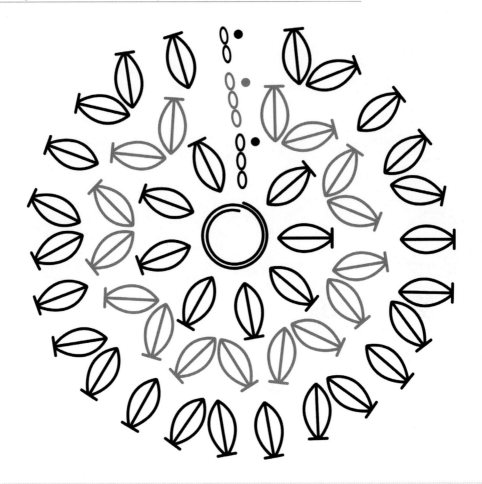

DISCO 2.

Nota. Los PG se tejen en los huecos entre PG de la vuelta anterior.

● **Vuelta 0.** Monta un círculo mágico para tejer en él.

● **Vuelta 1.** 3 cad., 8 PG. Cierra con PR.

● **Vuelta 2**. 3 cad., 2 PG en cada punto. Cierra con PR. **Total 16 PG.**

● **Vuelta 3.** 3 cad., *1 PG, 2 PG juntos. Repite desde * hasta el final. Cierra con PR. Corta y esconde el cabo. **Total 24 PG.**

Repite los patrones de los discos tantas veces como quieras.

```
      o      o     oo
+ ⊢— + ⊢— + 0
+ ⊢— + ⊢— + 0
+ ⊢— + ⊢— + 0
+ 0    + ⊢— + 0
+ 0    + ⊢— + 0
+ ⊢— + ⊢— + 0
+ ⊢— + ⊢— + 0
+ ⊢— + 0    + 0
+ ⊢— + 0    + 0
+ ⊢— + ⊢— + 0
+ ⊢— + ⊢— + 0
+ 0    + ⊢— + 0
+ 0    + ⊢— + 0
+ ⊢— + ⊢— + 0
+ ⊢— + ⊢— + 0
+ ⊢— + 0    + 0
+ ⊢— + 0    + 0
+ ⊢— + ⊢— + 0
+ ⊢— + ⊢— + 0
+ 0    + ⊢— + 0
+ 0    + ⊢— + 0
+ ⊢— + ⊢— + 0
+ ⊢— + ⊢— + 0
+ ⊢— + 0    + 0
+ ⊢— + 0    + 0
+ ⊢— + ⊢— + 0
+ ⊢— + ⊢— + 0
+ 0    + ⊢— + 0
+ 0    + ⊢— + 0
+ ⊢— + ⊢— + 0
+ ⊢— + ⊢— + 0
+ ⊢— + 0    + 0
+ ⊢— + 0    + 0
+ ⊢— + ⊢— + 0
+ ⊢— + ⊢— + 0
+ 0    + ⊢— + 0
+ 0    + ⊢— + 0
+ ⊢— + ⊢— + 0
+ ⊢— + ⊢— + 0
+ ⊢— + 0    + 0
+ ⊢— + 0    + 0
+ ⊢— + ⊢— + 0
+ ⊢— + ⊢— + 0
+ 0    + ⊢— + 0
+ 0    + ⊢— + 0
+ ⊢— + ⊢— + 0
+ ⊢— + ⊢— + 0
+ ∞  + ∞  + 0
```

TOALLITA

Vuelta 0. Teje 48 cad.

Vuelta 1. 1 cad., PB desde el primer punto. **Total 48 PB.**

Vuelta 2. 2 cad., 6 PA empezando en el segundo punto. 2 cad., salta 2 puntos, *6 PA, 2 cad., salta 2 puntos. Repite desde * hasta que queden 7 puntos, PA hasta el final.

Vuelta 3. 1 cad., PB desde el primer punto. Al pasar sobre las cadenetas teje 2 PB rodeando las 2 cad. **Total 48 PB.**

Vuelta 4. 2 cad., 2 PA, 2 cad., salta 2 puntos, *6 PA, 2 cad., salta 2 puntos. Repite desde * hasta que queden 3 puntos, PA hasta el final.

Vuelta 5. 1 cad., PB desde el primer punto. Al pasar sobre las cadenetas teje 2 PB rodeando las 2 cad. **Total 48 pb.**

Repite las vueltas 2 a la 5 hasta la vuelta 37.

Corta y esconde el cabo. Corta tiras de unos 6 cm. Ponlos dobles y anuda en con nudo alondra lo flequitos a los extremos de la toallita.

CATEGORÍA IV.
EL *SLOW* CROCHET

Está claro que algo tiene el crochet que engancha desde la primera cadeneta.

En todos los años que llevo enseñando a tejer he visto cómo esta técnica nos ha ayudado a muchos y muchas a evadirnos de los problemas, a relajarnos y a tomarnos la vida con más calma. A mí la primera.

Lo sé porque son muchos los mensajes que me llegan desde diferentes partes del mundo en el que tejedoras y tejedores me cuentan que han pasado o están pasando por un momento difícil y cómo el crochet les ayuda a superarlo.

Si observamos todo el proceso del tejido, cada paso a dar es una enseñanza de vida y, sin darnos cuenta, muchas de las cosas que hacemos al enredar el hilo las deberíamos aplicar a nuestro día a día.

Propuesta para disfrutar de un proyecto a crochet de principio a fin y ser superfeliz:

1.º Busca un proyecto que te motive.

No importa que sea grande o pequeño, que sea para ti o para regalar o que ocupe más o menos sitio. Lo importante es que te enamore desde el primer momento y te motive a tejerlo de principio a fin.

Lo que sí debes tener en cuenta es el nivel. Como en la vida, es mejor ponerse retos que puedas cumplir y no te preocupes porque después del 1 vendrá el 2. Ve paso a paso y si algún proyecto (en el crochet o en la vida) es más complejo de lo que en este momento puedes asumir, no lo veas como un imposible. Guárdalo, practica, crece, sé constante y vuelve a por él más adelante.

2.º Disfruta de la elección de los materiales.

Qué emocionante es ir a por los materiales necesarios para tu proyecto.

Cuando vas en busca de esas herramientas, ya tienes claro qué vas a hacer con ellas, así que hay dos cosas que debes cumplir. La primera es que no te conformes con algo que no te convence del todo o tu proyecto lo reflejará al final. Más vale esperar un poco más y trabajar con aquello que te hace feliz. La segunda es que si tienes un buen arsenal en casa, eches primero un vistazo porque puede que tengas auténticos tesoros en tu hogar. ¿No te parece que esto mismo deberíamos hacerlo en la vida?

3.º Cambia el chip sobre la muestra.

Una vez que tienes claro el proyecto y tienes los materiales y las herramientas necesarias para elaborarlo hay que tejer la muestra.

Cuántas veces he escuchado eso de que es odioso tejer la muestra, que se pierde tiempo, que no sirve para nada… yo la primera.

Reconozco que cuando me enfrenté la primera vez a ese proceso no lo entendía, pero ahora soy una gran defensora de ellas por varios motivos.

1. Sirve para saber si el proyecto nos va a quedar con las medidas adecuadas. Te aseguro que es mucho peor llevar días tejiendo y comprobar al final que el tejido acabado no te queda bien y te toca deshacer o, lo que es peor, dejarlo en un rincón y perder toda la ilusión por seguir tejiendo.

2. Te familiarizas con el hilo. Empiezas a sentirlo entre los dedos y te das cuenta de cómo se tuerce, si es mejor usar un ganchillo de uno u otro material, si prefieres empezar el ovillo por el exterior o por el centro… todo un conjunto de información con la que te harás una primera idea de cómo será trabajar con él.

3. Practicas el tipo de punto. Tanto si es un punto básico como si es un punto fantasía, gracias a la muestra y sin darte cuenta comenzarás con tu mantra de contar puntos y vueltas y, solo con eso, ya has conseguido evadirte de todo lo demás.

Al igual que los puntos anteriores, el momento de la muestra nos da lecciones de vida y es que se trata de un momento de pararse a reflexionar, a comprobar que tienes todo lo que necesitas y que sabes cómo comenzar cualquier reto. Además, aprendemos a tener un poco de *pazienzia* cuando estamos nerviosos porque algo comience ya.

4.º Lee antes de empezar a tejer.

Esto sería muy útil en nuestro día a día si tuviéramos por escrito algunas advertencias y *tips* para no errar en nuestros actos. Evidentemente es imposible saberlo todo con anterioridad, pero ¿y si observamos a nuestro alrededor? o le preguntamos a gente cercana que ya haya pasado por eso. En ocasiones preferimos afrontarlo todo solos sin darnos cuenta de que tenemos mucha ayuda a nuestro lado. Si está ahí, no dudes en cogerla.

Por suerte, en los patrones suele haber advertencias para que tu proceso de tejido sea lo más agradable posible. Presta atención porque en más de una ocasión, te va a ahorrar deshacer.

5.º *Slow crochet*. El tejido paso a paso.

Una vez que empezamos con la vuelta 1, es todo diversión. Disfruta cada vuelta, cada punto y cada dificultad porque te harán aprender algo más.

No tengas prisa por acabar porque cuanto más saborees el camino, más bonito será el final. Tómate tu proyecto como tu refugio. Después de un día en el que no has parado, sabes que en tu bolsa de proyectos te espera tu momento favorito.

6.º Presume de proyecto.

No hay nada mejor que que alguien te diga lo bonito que es algo que llevas y ver su cara cuando le dices que lo has tejido tú. Esa satisfacción es el broche final al proceso de creación, así que lúcelo siempre con mucho orgullo.

7.º Permite el fallo.

No somos perfectos, ni en la vida ni en el crochet, así que acepta esa imperfección que puede tener sobre todo lo hecho a mano y busca la belleza en ella porque la hay.

Estos 7 puntos los he ido entendiendo a lo largo de los últimos años y son la clave para hacer del crochet tu momento de calma y meditación.

Como he explicado antes, comencé tejiendo bolsos en punto bajo, continué con algún punto básico más y objetos del hogar, seguí con los accesorios y puntos fantasía y llegué al patronaje de prendas de vestir a crochet. Esto es sin duda algo que me apasiona y que supone un nuevo reto cada vez que me enfrento a una nueva aventura ganchillera.

JERSEY CANDELA

JERSEY CANDELA

Desde que empecé a diseñar tuve algo muy claro. Todo lo que tejo es porque yo lo quiero lucir, vestir, tener en mi casa…

Mi proceso creativo ha ido variando a lo largo de los años al mismo tiempo que yo he ido creciendo como tejedora y como persona.

Al principio, ni siquiera hacía un boceto. Visualizaba en mi mente lo que quería hacer y me ponía manos a la obra. Tampoco hacía muestra ni probaba el hilo para comprobar cómo se comportaba y si era o no la mejor opción. Por suerte, tengo buen instinto y conseguía, casi a la primera, lo que había imaginado.

Eso era en parte porque los proyectos no eran muy avanzados.

Cuando comencé con las primeras prendas de vestir, comprendí que eso de ir sin algo de previsión me iba a llevar más tiempo y, poco a poco, mis diseños empezaron a requerir de más planificación.

Si algo me ha ayudado a la hora de diseñar prendas ha sido tejer a dos agujas. Sé que puede resultar extraño apoyarme en otra técnica para aprender, pero sin el punto, mis proyectos no hubieran alcanzado la complejidad que ahora tienen tanto en estructura como en construcción.

Gracias a las dos agujas ahora sé que no hay límites a la hora de confeccionar y que ya sea en punto o en ganchillo, si lo imaginas, lo puedes tejer.

El tipo de construcción *top-down* llegó a mis diseños tras la primera vez que tejí una prenda así en punto. Era un diseño sencillo de mi querida Carmen García de Mora, el Friday Sweater y lo disfruté tanto que, gracias a él, surgió la primera colaboración entre las dos.

Tras varios cursos con ella fui entendiendo mejor el tipo de construcción de arriba hacia abajo y sin costuras. Este tipo de prenda me fascina hasta el punto de que mi investigación me llevó a redactar un curso completo dedicado a esta técnica pero adaptada al crochet.

Durante estos años que he ido tejiendo, he crecido como tejedora y como persona y puedo decir que el crochet ha sido mi guía en ambos aspectos.

Este jersey es una muestra de eso. Comienza en pequeñito, con vueltas con pocos puntos y, poco a poco, va creciendo y aumentando su tamaño. Lo que al principio parece algo sin forma, se amplía hasta dejar ver su hermosura, sus dibujos crean ondas y rayos. Crece para adaptarse al cuerpo y una vez que se tiene claro cuál es su medida, continúa recto para disfrutar con toda la calma de su secuencia y descubrir los dibujos que crea su sombra al trasluz al lado de una candela.

▒ NIVEL: intermedio

▒ MATERIALES
— Lana merino DK o equivalente 650 g (750 gr, 800 gr, 850 gr)
— Ganchillo 5,5 mm o necesario para igualar la muestra
— 1 marcador
— Aguja lanera

▒ MEDIDAS Y MUESTRA
Para la muestra, vas a tejer en punto fantasía en plano por lo que cada vez que acabes una vuelta, gira el proyecto para tejer de lado a lado. Si vas a hacer la muestra con un hilo mucho más fino, teje un número de cadenetas múltiplo de 4 de manera que te salga una muestra de un poco más de 10 cm de ancho.

Las medidas de la muestra son sin bloquear.

▒ MEDIDA DE LA MUESTRA 10x10 cm:
12 puntos x 10 vueltas en punto fantasía de la siguiente forma:

● **Vuelta 0.** Teje 26 cad.

● **Vuelta 1.** 1 PA en la tercera cad. desde la aguja. 2 PG, *2 PA, 2 PG. Repite desde * hasta que falte 1 punto. 1 PA.

● **Vuelta 2.** 2 cad. 2 PG juntos entre los 2 PG de la vuelta anterior. *1 PA sobre cada PA de la vuelta anterior, 2 PG juntos entre los 2 PG de la vuelta anterior. Repite desde * hasta que quede 1 punto. 1 PA.

A partir de ahora, los PG se tejen siempre en el espacio de los 2 PG de la vuelta anterior y los PA se tejen sobre los PA. De esta forma tendrás una secuencia de 2 PG, 2 PA que se repite menos al inicio y final que solo hay 1 PA en cada lado.

v18

v10 y 11

v0 a 3

● **Vueltas 3 a la 13** o las necesarias para alcanzar al menos 10 cm de alto. 2 cad., 2 PG juntos, *2 PA, 2 pg. Repite desde * hasta que quede 1 punto. 1 PA.

TALLAS

Este patrón está disponible en 4 tallas de adulto que van desde 80 a 115 cm de contorno de pecho. La prenda tiene una holgura positiva de entre 15/20 cm. Esto significa que la prenda acabada debe medir la suma de tu contorno de pecho más los cm de holgura.

Talla (según contorno sin contar holgura)

Talla 1, 80/85
Talla 2, 90/95
Talla 3, 100/105
Talla 4, 110/115

MEDIDAS DEL JERSEY EN PLANO

Talla 1

Ancho: 46 cm   Largo: 55 cm
Largo de manga desde la sisa:
    36 cm
Profundidad de sisa: 30 cm

Talla 2

Ancho: 50 cm   Largo: 55 cm
Largo de manga desde la sisa: 39 cm
Profundidad de sisa: 30 cm

Talla 3

Ancho: 55   Largo: 51

Largo de manga desde la sisa: 39

Profundidad de sisa: 33

Talla 4

Ancho: 58 cm, Largo: 53 cm

Largo de manga desde la sisa: 41 cm

Profundidad de sisa: 35 cm

Se trata de una prenda suelta aunque puedes tejerla como más te guste. Al ser *top-down*, puedes ir probándola mientras la vas tejiendo.

▦ PUNTOS A TRABAJAR Y ABREVIATURAS

— Cadeneta (cad)

— Punto raso (PR)

— Punto alto (PA)

— Punto garbanzo (PG). Los puntos garbanzos son de 2 pasadas

— Disminución en punto bajo (dism.) 2 PB cerrados en uno.

▦ ANTES DE EMPEZAR A TEJER

Este proyecto se teje con la técnica *top-down* en circular. Se comienza a tejer por el cuello y se va aumentando hasta el momento de separar mangas. Esa pieza que va desde el cuello hasta cubrir parte del pecho se llama canesú.

Con el canesú tejido se dejan en espera los puntos de las mangas y se añade la holgura necesaria en la zona de las sisas. A partir de ahí, se teje sin aumentos hasta llegar a tener el largo deseado, que puede ser totalmente adaptable a tu gusto.

Una vez terminado el cuerpo del proyecto, se retoma la zona de las mangas y se tejen también en circular.

El punto fantasía de este diseño combina puntos altos con pares de puntos garbanzo. Los puntos garbanzo se tejen siempre centrados en el espacio entre el par de puntos garbanzos de la vuelta anterior y los puntos altos, se tejen sobre cada punto alto prestando atención de no aumentar cuando no es necesario.

Para contar los puntos de cada vuelta, se tejen lo que es el cuerpo del punto y no las V que quedan por arriba, ya que sobre la zona de puntos garbanzos, hay el doble de V debido al cierre del punto. Por

153

lo tanto, contarás cada punto garbanzo como 1 punto y cada punto alto como 1 punto. Las 2 cadenetas de inicio cuentan como 1 punto.

La vuelta 0 indica el número de cadenetas con el que se comienza el cuello. Hazla y pásala por tu cabeza antes de comenzar con el *sweater* ya que si no te entra, tendrías que deshacer todo. Como consejo, teje esa cadeneta con un ganchillo mayor para que no te quede demasiado apretada.

Puede ser de mucha ayuda marcar el primer punto de cada vuelta.

Las 2 cadenetas al aire cuentan como el primer punto y al cerrar cada vuelta se hace con un PR en la parte superior de las cadenetas de inicio. Asegúrate de que no tejes sobre el punto de cierre en las siguientes vueltas para evitar hacer aumentos que no tocan.

Las instrucciones de cada talla se especifican en el siguiente orden: 1 (2, 3, 4). De este modo, el número de puntos para cada talla es fácil de reconocer. Cuando solo haya un número es para todas las tallas igual.

■ EL PATRÓN (Todas las tallas igual hasta que se indique lo contrario).

● **Vuelta 0.** Teje 74 cad. y cierra el primer punto con el último con un PR. Asegúrate de que la cadeneta no quede retorcida y de que al cerrarla, te pasa por la cabeza. Es importante que no te quede muy apretada.

● **Vuelta 1.** 2 cad. PG en cada punto. **Total 73 PG.** Cierra con PR.

● **Vuelta 2.** (Todos los puntos se tejen en los espacios entre PG) 2 cad. 2 PG juntos entre los PG 1 y 2 de la vuelta 1, *2 PA juntos, 2 PG juntos. Repite desde * hasta llegar al espacio entre el penúltimo y último PG, y haz 1 PA. Cierra con PR.

● **Vueltas 3 a la 10.** 2 cad. 2 PG juntos entre los 2 PG de la vuelta anterior. *1 PA sobre cada PA de la vuelta anterior, 2 PG juntos entre los 2 PG de la vuelta anterior. Repite desde * hasta que quede 1 punto. 1 PA. Cierra con PR.

● **Vuelta 11.** (Vuelta de aumento. En esta vuelta se añade 1 PA en cada zona de puntos altos de la vuelta anterior) 2 cad. 2 PG juntos entre los 2 PG de la vuelta anterior. *3 PA, 2 PG juntos entre los 2 PG de la vuelta anterior. Repite desde * hasta que quede 1 punto. 2 PA. Cierra con PR.

● **Vueltas 12 a la 17.** 2 cad. 2 PG juntos entre los 2 PG de la vuelta anterior. *1 PA sobre cada PA de la vuelta anterior, 2 PG juntos entre los 2 PG de la vuelta anterior. Repite desde * hasta que queden 2 puntos. 2 PA. Cierra con PR.

● **Vuelta 18.** (Vuelta de aumento. En esta vuelta se añade 1 PA en cada zona de puntos altos de la vuelta anterior) 2 cad., 2 PG juntos entre los 2 PG de la vuelta anterior. *4 PA, 2 PG juntos entre los 2 PG de la vuelta anterior. Repite desde * hasta que queden 2 puntos. 3 PA. Cierra con PR.

- **Vueltas 19 a la 25:** 2 cad. 2 PG juntos entre los 2 PG de la vuelta anterior. *1 PA sobre cada PA de la vuelta anterior, 2 PG juntos entre los 2 PG de la vuelta anterior. Repite desde * hasta que queden 3 puntos. 3 PA. Cierra con PR. **Total 216 puntos.**

TALLAS 3 Y 4

- **Vuelta 26.** (Vuelta de aumento. En esta vuelta se añade 1 PA en cada zona de puntos altos de la vuelta anterior) 2 cad., 2 PG juntos entre los 2 PG de la vuelta anterior. *5 PA, 2 PG juntos entre los 2 PG de la vuelta anterior. Repite desde * hasta que queden 3 puntos. 4 PA. Cierra con PR.

- **Vuelta 27.** 2 cad. 2 PG juntos entre los 2 PG de la vuelta anterior. *1 PA sobre cada PA de la vuelta anterior, 2 PG juntos entre los 2 PG de la vuelta anterior. Repite desde * hasta que queden 4 puntos. 4 PA. Cierra con PR.
Total de puntos en la talla 3: 252.

SOLO TALLA 4

- **Vueltas 28 y 29.** 2 cad. 2 PG juntos entre los 2 PG de la vuelta anterior. *1 PA sobre cada PA de la vuelta anterior, 2 PG juntos entre los 2 PG de la vuelta anterior. Repite desde * hasta que queden 4 puntos. 4 PA. Cierra con PR. **Total 252 puntos.**

■ SEPARACIÓN DE MANGAS

El inicio y fin de vuelta será justo la zona donde acaba la espalda y comienza la manga 1.
Para hacer las separaciones, vas a fijarte ahora solo en las filas de puntos garbanzo que hay. A estas filas las llamamos espigas. En total hay 36 espigas en el canesú.

- **Vuelta de separación de mangas:** 2 cad., 2 PG juntos entre los 2 PG de la vuelta anterior, 4 (9, 11, 11) cad. al aire. Salta 8 espigas. En la novena espiga teje 2 PG. *1 PA sobre cada PA de la vuelta anterior, 2 PG juntos entre los 2 PG de la vuelta anterior. Repite desde * hasta tejer 9 espigas más. En total quedan 10 espigas tejidas para el delantero. 4 (9, 11, 11) cad. Salta 8 espigas. En la novena espiga teje 2 PG. *1 PA sobre cada PA de la vuelta anterior, 2 PG juntos. Repite desde * hasta tejer 8 espigas más. Teje 3 (3, 4, 4) PA. Cierra con PR.
De esta manera tendrás 10 espigas en delantero, 10 en la espalda y 8 espigas en cada manga

■ EL LARGO DEL CUERPO

A partir de ahora vas a tejer en circular solo la parte del largo del cuerpo, dejando en espera las mangas. Sigue la secuencia y teje hasta tener el largo deseado.

Solo para la talla 1:
Vuelta 1. 2 cad. 2 PG juntos sobre la primera espiga. Sobre la cadeneta teje 4 PA, 2 PG juntos. Continúa tejiendo la secuencia de 1 PA sobre cada PA de la vuelta anterior, 2 PG juntos entre los PG de la vuelta anterior hasta llegar a la siguiente manga y en la cadeneta tejes 4 PA. 2 PG juntos. Continúa tejiendo 1 PA sobre cada PA de la vuelta anterior, 2 PG juntos entre los PG de la vuelta anterior hasta que tejas sobre la última espiga.
Teje 3 PA. Cierra con PR.

Tallas 2, 3 y 4:
Vuelta 1. 2 cad. 2 PG juntos sobre la primera espiga. Sobre la cadeneta teje - (4, 5, 5) PA, 2 PG juntos, - (4, 5, 5) PA. Continúa tejiendo la secuencia de 2 PG juntos, 1 PA sobre cada PA de la vuelta anterior hasta llegar a la siguiente manga y en la cadeneta tejes - (4, 5, 5) PA, 2 PG juntos, - (4, 5, 5) PA. Continúa tejiendo la secuencia de 2 PG juntos, 1 PA sobre cada PA de la vuelta anterior hasta que tejas sobre la última espiga. Teje - (3, 4, 4) PA. Cierra con PR.

Todas las tallas:
Vuelta 2 a la 20 (20, 20, 21) o las necesarias para alcanzar el largo deseado. 2 cad. 2 PG juntos entre los 2 PG de la vuelta anterior. *1 PA sobre cada PA de la vuelta anterior, 2 PG juntos entre los 2 PG de la vuelta anterior. Repite desde * hasta tejer sobre la última espiga. Teje 3 (3, 4, 4). Cierra con PR.

Tallas 1 y 2:
Vuelta 21 (21, -, -). Esta vuelta es la última y es en la que vas a reducir un poco para ceñir el bajo. Toda la vuelta es en punto bajo por lo que, al pasar sobre cada espiga, se hace 1 PB entre cada par de PG.
1 cad. *1 PB en la espiga, 1 PB, 1 dism., 1 PB. Repite desde * hasta el final. Cierra con PR.

JERSEY CANDELA

Tallas 3 y 4:

Vuelta - (-, 21, 22). Esta vuelta es la última y es en la que vas a reducir un poco para ceñir el bajo. Toda la vuelta es en punto bajo por lo que al pasar sobre cada espiga, se hace 1 PB entre cada par de PG.

1 cad. *1 PB en la espiga, 1 PB, 1 dism., 2 PB. Repite desde * hasta el final. Cierra con PR.

■ LAS MANGAS

Localiza la zona de aumentos de la sisa, donde hiciste las cadenetas para añadir la holgura al separar las mangas y engancha con PR en el primer PA. Puedes modificar el largo de la manga tejiendo más o menos vueltas antes de las disminuciones del puño.

TALLA 1:

● **Vuelta 1.** 2 cad., PA hasta llegar a la esquina donde se divide la espiga del lateral.

1 PG en el centro de la primera espiga y 1 PG en el centro de la segunda. *1 PA sobre cada PA de la vuelta anterior, *2 PG juntos entre los 2 PG de la vuelta anterior, 1 PA sobre cada PA. Repite desde * hasta la siguiente esquina de la sisa. Teje 1 PG en el centro de la primera espiga y 1 PG en el centro de la segunda. Cierra con PR sobre la cad. de subida del inicio.

TALLAS 2, 3 Y 4:

● **Vuelta 1.** 2 cad., PA sobre cada PA, 2 PG juntos entre los 2 PG de la vuelta anterior, PA sobre cada PA. Repite desde * hasta llegar a la esquina donde se divide la espiga del lateral. 1 PG en el centro de la primera espiga y 1 PG en el centro de la segunda.

*1 PA sobre cada PA de la vuelta anterior, *2 PG juntos entre los 2 PG de la vuelta anterior, 1 PA sobre cada PA. Repite desde * hasta la siguiente esquina de la sisa. Teje 1 PG en el centro de la primera espiga y 1 PG en el centro de la segunda. Cierra con PR sobre la cad. de subida del inicio.

TALLAS DE LA 1 A LA 3:
● **Vueltas 2 a la 30.** (En la vuelta 2, en las dos zonas donde se tejieron 2 PG separados, se tejen 2 PG juntos en el espacio entre los dos para crear una nueva espiga a partir de ahora) 2 cad. *PA desde el primer punto sobre cada PA. 2 PG juntos entre los 2 PG de la vuelta anterior. Repite desde * hasta el final. Cierra con PR.

● **Vueltas 31 a la 33 (33, 34, 35).** 2 cad. PA desde el 2.o punto sobre cada PA de la vuelta anterior, 2 PG juntos entre los 2 PG de la vuelta anterior, *salta 1 punto, PA sobre cada PA. 2 PG juntos entre los 2 PG de la vuelta anterior. Repite desde * hasta el final. Cierra con PR.

TALLA 4:
● **Vueltas 2 a la 34.** (En la vuelta 2, en las dos zonas donde se tejieron 2 PG separados, se tejen 2 PG juntos en el espacio entre los dos para crear una nueva espiga a partir de ahora) 2 cad. *PA desde el primer punto sobre cada PA. 2 PG juntos entre los 2 PG de la vuelta anterior. Repite desde * hasta el final. Cierra con PR.

● **Vueltas 35 a la 38.** 2 cad. PA desde el tercer punto sobre cada PA de la vuelta anterior, 2 PG juntos entre los 2 PG de la vuelta anterior, *salta 1 punto, PA sobre cada PA. 2 PG juntos entre los 2 PG de la vuelta anterior. Repite desde * hasta el final. Cierra con PR.

TODAS LAS TALLAS:
● **Vuelta 34 (34, 35, 39)** 2 cad. Teje 1 PG sobre cada punto alto y otro PG en el centro de cada espiga. Cierra con PR.

● **Vuelta 35 (35, 36, 40)** 1 cad. 1 PB sobre cada PG y 1 PB en el espacio entre punto garbanzo. Cierra con PR.
● **Vuelta 36 (36, 37, 41)** 1 cad. *3 PR, salta 1 punto. Repite desde * hasta acabar la vuelta sin importar si no se cumple la secuencia exacta al final. Cierra con PR.

*Adaptación del puño. La abertura del puño será en función del tamaño de tu mano, por lo que si te queda muy cerrado, aumenta el número de PR antes de saltar uno. Si, por el contrario, te queda muy abierto, prueba a reducirlos.

Corta el cabo y escóndelo. Repite el patrón para tejer la segunda manga.

MANTEL SOL

+ RECETA *POKE BOWL* MARISOL

MANTEL SOL

+ RECETA *POKE BOWL* MARISOL

Dicen que cocinar para los demás es demostrar tu amor en cada plato y eso mi madre lo hace como nadie.

Su cocina huele a especies morunas, a boniato asado, a bizcocho sin harina y a café recién hecho. También a puchero, a pasta y a pollo al horno, pero cuando me encanta es cuando los colores saltan de cada verdura al plato y hay una mezcla de sabores que alegran el alma.

Las mejores reuniones familiares y de amigos se disfrutan en su terraza. Al abrir la verja en primavera, da la sensación de estar entrando en un jardín encantado. Una gran Bignonia enredada en un arco da la bienvenida a su hogar. En esta época del año está repleta de flores blancas y mezclada con ella, una buganvilla de flores rojas plantada en el suelo te invita entrar.

Es la hora de preparar la mesa y comenzamos siempre por el mantel. Abro el tercer cajón de su cocina y los tiene de todo tipo y colores, pero, esta vez, una red de lino será nuestra base.

Sobre él, vamos colocando la vajilla, vasos, la jarra del agua y algunas tablas con entrantes. Poco a poco el mantel queda cubierto, pero caen por los lados de la mesa las borlas que le dan peso y hacen que se asiente bien.

Llega todo el mundo. Abrazos y besos, y nos sentamos a comer. Yo ayudo a sacarlo todo y espero con emoción ese momento en que los invitados ven por primera vez el menú. Sus caras lo dicen todo, es puro color.

Los mismos ingredientes puestos de otra manera formarían un plato totalmente diferente, pero mi madre tiene el don de dar belleza a todo lo que toca y, por eso, es normal que antes de sentarnos a comer, les deje a todos con el tenedor en la mano y no les deje tocar nada para poder hacer una foto de la mesa y de ese momento mágico.

▓ NIVEL: iniciación

▓ MATERIALES
— 700 g lino pulido Casasol (color Natural)
— 50 g algodón L (color camel)
— Ganchillo 6,5 mm

▓ MEDIDAS
150 x 150 cm

▓ MUESTRA
12 puntos x 6 vueltas en PA

▓ PUNTOS A TRABAJAR
— Cadeneta (cad)
— Punto alto (PA)

▓ ANTES DE EMPEZAR A TEJER
Este proyecto es muy sencillo en cuanto a patrón. Lo único que debes tener en cuenta es ir respetando la tensión en la medida de lo posible y asegurarte de no estar aumentando ni disminuyendo puntos al inicio o final de cada pasada.

El tamaño se puede adaptar tanto en ancho como en largo variando el número de inicio de cadenetas y el total de vueltas.

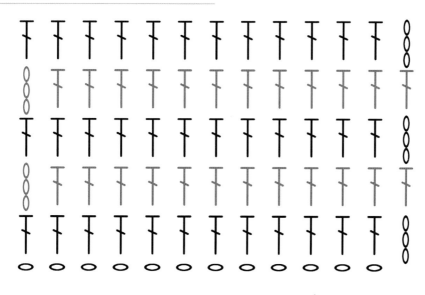

EL PATRÓN

Vuelta 0. 129 cad.

Vuelta I. 3 cad., PA a partir de la cuarta cad. desde la aguja.

Vueltas 2 a la 79. 3 cad. PA desde el segundo punto.

Al acabar corta y esconde el cabo.

LAS BORLAS

Haz 4 borlas generosas con algodón que sirvan para hacer de peso en las esquinas del mantel y quede bien asentado en la mesa.

RECETA *POKE BOWL* MARISOL

◼ Ingredientes para 4 personas

300g quinoa	1 pepino
250 g pechuga de pollo. Puedes sustituirlo por otra proteína como langostinos, ternera, tofu…	250 g tomates Cherri
	1 brócoli
	2 boniatos
400 g garbanzos hervidos	200 g espinacas
2 zanahorias	1/2 cebolla
1/4 col lombarda	Aceite de oliva virgen extra

◼ Especias:

Cebolla en polvo	Ras el Hanout
Ajo en polvo	Comino molido
Cúrcuma en polvo	Nuez moscada
Pimienta negra molida	Albahaca seca
Sal	Cilantro fresco

Cada ingrediente de esta receta se prepara por separado.

◼ En crudo:

Pela las zanahorias y córtalas a tiras finas con un pelador. Reserva.

Corta la col muy fina. Haz lo mismo con el pepino y reserva.

◼ Al vapor:

Cuece al vapor el brócoli hasta que esté *al dente* y el boniato hasta que esté blando. Si lo prefieres, el boniato lo puedes hacer asado al horno. Una vez cocinados, corta el boniato en rodajas de unos 2 cm y separa el brócoli en ramas.

◼ Al fuego:

En una olla con agua y sal, cuece la quinoa el tiempo recomendado según la marca. Una vez pasado ese tiempo, escúrrela. Pon una sartén con una cucharadita de aceite, añade la quinoa y rehógala unos minutos con una pizca de ajo, cebolla y albahaca seca. Al final añade cilantro muy picadito al gusto. Reserva.

Corta el pollo a trocitos, salpimienta y cocínalo a la plancha en la sartén. Cuando esté casi hecho, espolvorea una pizca de comino, media cucharadita de Ras el Hanout y media cucharadita de cúrcuma. Reserva.

Les toca el turno a los garbanzos. Lávalos bien y rehógalos en la sartén con una gota de aceite. Añade un toque de sal, comino y cilantro. Reserva.

En la misma sartén, saltea los tomates cherry con un poco de ajo en polvo y albahaca.

Las espinacas también pasan por la sartén. Prepara antes un poco de cebolla pochada y echa las hojas de espinacas, cocínalas con un toque de nuez moscada (solo una pizca) y sal. Reserva.

Una vez que tienes todos los ingredientes listos, llega el momento de unirlos todos.

Puedes presentarlo todo en una gran fuente y servir en la mesa o preparar platos individuales.

Para ello, coloca en el bol una base de quinoa y ve añadiendo el resto de ingredientes cada uno en un lado del plato. Es importante que quede equilibrado, así que intenta que haya de todo en su misma medida.

Para acabar, aliña con un buen chorreón de aceite de oliva. También puedes exprimir unas gotas de limón.

Disfrútalo templado o frío como una ensalada.

POKE BOWL MARISOL

TOP FORMENTERA

TOP FORMENTERA

«Porque hay una isla en medio del mar donde nace la fruta más tropical, donde eres el centro de gravedad. Si tú quieres, podemos llegar».

Carlos Sadness. 2019. *Isla Morenita* [canción] en *Tropical Jesus*.
Sony Music Entertainment.

Poco a poco, voy notando cómo los días se van acortando. Es un momento del año que me produce mucha nostalgia, pero aún queda un rincón al que correr antes de darle la bienvenida al otoño.

Es un lugar en el que el verano se alarga un poco más de la cuenta y que se ha convertido en uno de mis sitios favoritos.

Uno de mis viajes más especiales lo hice a final de septiembre. Durante el día, el sol aún calentaba mi piel y recorríamos cada playa para quedarnos horas flotando en sus aguas. Casi parecía verano, pero en mi ganchillo ya había un proyecto con lana y, al atardecer, la brisa del mar me hacía buscar algo de abrigo. Menos mal que siempre estaban ahí sus abrazos.

El último día, mientras recorría la isla en moto por sus caminos de tierra, un reflejo en el mar dejó intuir un fugaz arcoíris que me avisaba de que las próximas lluvias estaban cerca pero esta vez, en lugar de invadirme la tristeza, me abracé fuerte a él y dejé que ese viaje me hiciera saborear el verano durante todo el invierno.

■ **NIVEL: básico**

■ **MATERIALES**
— Mohair Indiana Casasol Color A (Blanco) 110 g (120 gr, 130 gr)
— Mohair Indiana Casasol Color B (Mostaza) 10 g (10 gr, 15 gr)
— Mohair Indiana Casasol Color C (Canela) 35 g (35 gr, 40gr)
— Ganchillo 5 mm
— 1 marcador
— Aguja lanera

■ **MEDIDAS**
La prenda de muestra tiene una holgura positiva de 25 cm. Al ser un *top oversize*, tú decides la talla que quieres tejer dependiendo de lo ajustado que lo quieras.

TALLA 1:
Contorno total: 110 cm.
Ancho: 55 cm
Profundidad de sisa: 26 cm
Largo total de manga desde el cuello: 33 cm
Ancho cuello: 19 cm
Ancho de manga: 17 cm

TALLA 2:
Contorno total: 120 cm
Ancho: 60 cm
Profundidad de sisa: 27 cm
Largo total de manga desde el cuello: 35 cm
Ancho cuello: 19 cm
Ancho de manga: 22 cm

TALLA 3:
Contorno Total 130 cm
Ancho 65 cm
Profundidad de sisa 28 cm

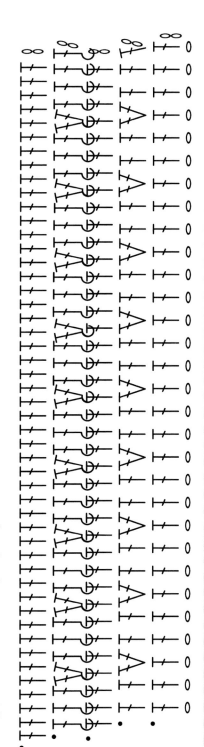

Largo total de manga desde el cuello: 36 cm
Ancho cuello 19 cm
Ancho de manga: 22 cm

■ MUESTRA 10 x 10 cm

16 puntos x 10 vueltas en punto alto a doble hebra

■ PUNTOS A TRABAJAR

— Cadeneta (cad)
— Punto alto (PA)
— Relieve delantero (RD)
— Relieve trasero (RT)
— Punto raso (PR)
— Aumento (aum.) 2 puntos en el mismo punto

■ ANTES DE EMPEZAR A TEJER

Este *top* se teje en circular, de una sola pieza y con construcción *top-down*, lo que significa que comenzamos a tejer desde el cuello hacia el bajo.

Lo más importante en este proyecto es hacer correctamente el cierre de cada vuelta e ir alternando el inicio y fin de cada una de ellas. No olvides colocar un marcador al inicio de vuelta.

El *top* combina 3 colores, pero tú puedes hacerlo con más, menos o liso.

Se trata de un proyecto muy ligero y vaporoso gracias al material utilizado.

Todo el *top* se teje con doble hebra de *mohair*.

El diseño es *oversize*. La prenda queda muy holgada, casi rizada, por lo que una talla abarca un amplio contorno que reúne 2 tallas. Escoge la talla que más te encaje según como te guste llevarlo.

▦ EL PATRÓN
COLOR A
Vuelta 0. 90 (90, 90) cadenetas. Une el primer punto con el último y cierra un círculo y pon un
   marcador en el punto de inicio.

▦ TODAS LAS TALLAS
● **Vuelta 1.** 2 cad. PA desde el primer punto. Cierra con PR y márcalo siempre. **Total 90
   puntos.** Las cad. de inicio no cuentan como punto.
A partir ahora, las cad. de inicio cuentan como el punto n.º 1.
Nota: el PR de cierre de vuelta se hace sobre la tercera cadeneta cogiendo el punto completo.

● **Vuelta 2.** 2 cad., 1 PA en el primer punto, 2 PA, *1 aum, 2 PA. Repite desde * hasta el
   final. Deja el PR de cierre de la vuelta anterior sin tejer. Cierra con PR. **Total 120 puntos.**

● **Vuelta 3.** 2 cad., PA desde el segundo punto. Teje el último PA sobre el PR de cierre de la
   vuelta anterior. Cierra con PR en el color B. **Total 120 puntos.**

COLOR B
● **Vuelta 4.** Esta vuelta se teje en punto alto en relieve trasero (paRT). 2 cad. paRT en el
   primer punto, 3 paRT, *1 aum, 3 paRT. Repite desde * hasta el final. Deja el PR de cierre
   de la vuelta anterior sin tejer. Cierra con PR. **Total 150 puntos.**

Vuelta 5. 2 cad., PA desde el segundo punto. Teje el último PA sobre el PR de cierre de la vuelta anterior. **Total 150 puntos.**

Vuelta 6. 2 cad. PA en el primer punto. 5 PA, *1 aum, 5 PA. Repite desde *. Deja el PR de cierre de la vuelta anterior sin tejer. *Cierra con PR en color A.* **Total 175 puntos.**

COLOR A

Vuelta 7. 2 cad. paRT desde el segundo punto. Teje el último paRT sobre el PR de cierre de la vuelta anterior. Cierra con PR. **Total 175 puntos.**

Vuelta 8. 2 cad. PA en el primer punto. 6 PA, *1 aum, 6 PA. Deja el PR de cierre de la vuelta anterior sin tejer. *Cierra con PR en color C.* **Total 200 puntos.**

COLOR C

Vuelta 9. 2 cad. paRT desde el segundo punto. Teje el último PA sobre el PR de cierre de la vuelta anterior. Cierra con PR. **Total 200 puntos.**

Vuelta 10. 2 cad. PA en el primer punto. 7 PA, *1 aum, 7 PA. Repite desde *. Deja el PR de cierre de la vuelta anterior sin tejer. Cierra con PR. **Total 225 puntos.**

Vuelta 11. 2 cad. PA desde el segundo punto y teje el último PA sobre el PR de cierre de la vuelta anterior. Cierra con PR. **Total 225 puntos.**

Vuelta 12. 2 cad. PA desde el primer punto. Deja el PR de cierre de la vuelta anterior sin tejer. Cierra con PR. **Total 225 puntos.**

Vuelta 13. 2 cad. PA desde el segundo punto. Teje el último PA sobre el PR de cierre de la vuelta anterior. Cierra con PR. **Total 225 puntos.**

Vuelta 14. 2 cad. PA desde el primer punto. 8 PA, *1 aum, 8 PA. Repite desde *. Deja el PR de cierre de la vuelta anterior sin tejer. Cierra con PR. **Total 250 puntos.**

SOLO TALLA I

Vuelta 15. 2 cad. PA desde el segundo punto y teje el último PA sobre el PR de cierre de la vuelta anterior. Cierra con PR. **Total 250 puntos.**

Vuelta 16. 2 cad. PA desde el primer punto. Deja el PR de cierre de la vuelta anterior sin tejer. *Cierra con PR en color A.* **Total 250 puntos.**

COLOR A

● **Vuelta 17.** 2 cad. paRT desde el segundo punto y teje el último PA sobre el PR de cierre de la vuelta anterior. Cierra con PR. **Total 250 puntos.**

● **Vuelta 18.** 2 cad. PA desde el primer punto. Deja el PR de cierre de la vuelta anterior sin tejer. Cierra con PR. **Total 250 puntos.**

▦ SOLO LA TALLA 2

● **Vuelta 15.** 2 cad. PA desde el segundo punto. Teje el último PA sobre el PR de cierre de la vuelta anterior. **Total 250 puntos.**

● **Vuelta 16.** 2 cad. PA en el primer punto, 24 PA, *1 aum, 24 PA. Repite desde * Deja el PR de cierre de la vuelta anterior sin tejer. Cierra con PR. en color A. **Total 260 puntos.**

COLOR A

● **Vuelta 17.** 2 cad. paRT desde el segundo punto. Teje el último paRT sobre el PR de cierre de la vuelta anterior. Cierra con PR. **Total 260 puntos.**

● **Vuelta 18.** 2 cad. PA desde el primer punto. Deja el PR de cierre de la vuelta anterior sin tejer. Cierra con PR. **Total 260 puntos.**

● **Vuelta 19.** 2 cad. PA desde el segundo punto. Teje el último PA sobre el PR de cierre de la vuelta anterior. Cierra con PR. **Total 260 puntos.**

▦ SOLO TALLA 3

● **Vuelta 15.** 2 cad. PA desde el segundo punto. Teje el último PA sobre el PR de cierre de la vuelta anterior. **Total 250 puntos.**

● **Vuelta 16.** 2 cad. PA en el primer punto, 24 PA, *1 aum, 24 PA. Repite desde * Deja el PR de cierre de la vuelta anterior sin tejer. *Cierra con PR en color A.* **Total 260 puntos.**

COLOR A

● **Vuelta 17.** 2 cad. paRT desde el segundo punto. Teje el último PA sobre el PR de cierre de la vuelta anterior. Cierra con PR. **Total 260 puntos.**

● **Vuelta 18.** 2 cad. PA en el primer punto. 25 PA, *1 aum, 25 PA. Repite desde *. Deja el PR de cierre de la vuelta anterior sin tejer. Cierra con PR. **Total 270 puntos.**

● **Vuelta 19.** 2 cad. PA desde el segundo punto. Teje el último PA sobre el PR de cierre de la

vuelta anterior. Cierra con PR. **Total 270 puntos.**

● **Vuelta 20.** 2 cad. PA desde el primer punto. Deja el PR de cierre de la vuelta anterior sin tejer. Cierra con PR. **Total 270 puntos.**

■ SEPARACIÓN DE MANGAS

● **Vuelta de separación:** 2 cad. 12 (16, 16) cad. al aire, salta 50 (52, 52) puntos. Teje 75 (78, 83) PA. 12 (16, 16) cad. al aire, salta 50 (52, 52) puntos, teje 75 (78, 83) puntos. Cierra con PR en la segunda cadeneta de inicio.

■ EL LARGO DEL CUERPO

A partir de ahora, vas a tejer en circular solo los puntos del largo del *top* ya que los puntos correspondientes a las mangas se quedan en espera.

● **Vuelta 1.** 2 cad. PA desde el primer punto. Deja el PR de cierre de la vuelta anterior sin tejer. Cierra con PR.

● **Vuelta 2.** 2 cad. PA desde el segundo punto. Teje el último PA sobre el PR de cierre de la vuelta anterior. Cierra con PR.

Repite las vueltas 1 y 2 hasta alcanzar el largo que se desee. En el caso del *top* de muestra se han tejido 23 vueltas en total para el largo.

● **Penúltima vuelta:**

2 cad. 2 PA, *3 paRD, 2 PA. Repite desde * hasta el final. Haz la secuencia sin importar cómo la acabes.

Última vuelta:

2 cad. teje cada punto como se presente. Cierra con PR, corta y esconde el cabo.

LAS MANGAS

Retoma el proyecto en la zona baja de la sisa. Engancha con el hilo color A y comienza a tejer
hasta tener el largo deseado.

Vuelta 1. 2 cad. PA desde el primer punto. Deja el PR de cierre de la vuelta anterior sin tejer.
Cierra con PR.

Vuelta 2. 2 cad. PA desde el segundo punto. Teje el último PA sobre el PR de cierre de la
vuelta anterior. Cierra con PR.

En el *top* de muestra se han tejido 14 vueltas en total para cada manga.
Repite lo mismo en la otra manga.

EL BLOQUEO
Y CUIDADO DE TUS
PROYECTOS
A CROCHET

Cuando has acabado de tejer cualquier proyecto a crochet, has invertido en él horas de tu tiempo, dinero y esfuerzo y, por eso, es interesante que mimes tus tejidos como auténticas joyas.

El proceso de bloqueo puede ser crucial para lograr el acabado perfecto, pero no siempre es necesario. Consulta el patrón para saber si es aconsejable o no que lo hagas y comprueba también que el hilo que has usado permite que lo mojes o que le apliques calor.

Hay varias formas de bloquear tu proyecto y lo que se busca es una especie de planchado que hará que todo coja su forma adecuada.

■ Bloqueo lavando el proyecto.
Este sería el bloqueo clásico.

Para ello, sumerge la prenda, accesorio, etc. en agua con un poco de jabón para prendas delicadas. Sácala y escurre bien todo lo que puedas sin deformar el punto. Ve enroscando el proyecto en una toalla para absorber todo el agua posible.

Coloca el proyecto en una superficie plana y acolchada tipo esterilla y fíjalo con ayuda de alfileres o peines de bloqueo. Asegúrate de que no se deforme o estire de más y que todo quede bien proporcionado. Déjalo hasta que esté seco del todo.

■ Bloqueo con *spray*.
Algo más rápido que el bloqueo por lavado.

Con esta variante, la prenda seca antes porque nos ahorramos el sumergirla en agua por completo. Coloca el proyecto seco sobre una superficie plana y acolchada y pulveriza agua sobre él. Pincha el tejido a la superficie dándole la forma adecuada y vuelve a pulverizar sobre todo en las zonas que necesitan más planchado. Déjalo hasta que esté seco del todo.

■ Bloqueo por vapor de plancha.
No apto para todos los materiales.

Uno de lo más rápidos pero que no siempre podrás aplicar. Para ello necesitas una plancha con sistema de vapor y pulverizador. Coloca el proyecto seco sobre una superficie plana y acolchada. Pincha el tejido a la superficie dándole la forma adecuada. Con la plancha caliente, pulveriza agua sobre él y con mucho cuidado de no tocar nunca el hilo con la base, echa vapor por todo el proyecto. Déjalo hasta que esté seco del todo.

Esto lo harás al acabar de tejer y antes de lucir tu prenda pero puede que, tras los lavados comunes, tengas que volver a repetir algunos de los procesos si se ha deformado demasiado.

Tanto como si tienes que bloquear las prendas como si no, es importante que siempre que las laves uses jabones especiales para cada tipo de hilo y que las seques siempre en plano.

Evita la lavadora en la medida de lo posible y usa siempre programas especiales para prendas tejidas.

Si sigues estos pasos, tus proyectos tejidos tendrán una larga vida.

Agradecimientos

Antes de empezar con los agradecimientos sé que no tengo páginas suficientes para nombrar a todas las personas que de alguna manera me han acompañado y ayudado a hacer que este libro sea una realidad así que, a todos vosotros, os daré un achuchón en persona y un libro en mano.

Gracias a mi pequeño equipo por hacer que todo siga rodando mientras yo he parado a escribir. A Bea por aparecer en mi vida y hacérmela tan fácil y, sobre todo, por acompañarme a esa primera reunión en la editorial en la que estaba tan nerviosa.

Gracias a Ana Valverde y a la editorial Almuzara por creer en mí y apostar por un proyecto de crochet tan diferente.

A Vanessa Martins de Párpados Cansados, por sacarle todo el partido a cada proyecto con sus preciosas fotografías y por su inmensa implicación. Me entendiste a la primera y has logrado plasmarlo sin que yo te lo supiera explicar.

Gracias a mis *testers*, Elena Pineda, María Daura, Miriam Giraldo, Lorena González, Marta Ferrer y Beatriz Pizarro de nuevo por tomar como suyo cada diseño y no dejar ni una coma sin poner. Esto no habría sido posible ni igual sin vosotras.

Gracias al equipo Casasol, en especial a Marta y Jordi, no solo por aportar todos los hilos con los que están elaborados cada uno de los proyectos, sino por creer en mí con los ojos cerrados y, sin haber visto ni un boceto, lanzarse de lleno a colaborar en ellos.

Gracias a la comunidad Santa Pazienzia. A todas las tejedoras y tejedores que alguna vez han seguido mis patrones, a quienes habéis venido a talleres y ferias, a los que me habéis escrito por privado y a quienes me seguís en redes. Este libro es para vosotros y vosotras.

Gracias infinitas a mi amor, Raúl, por estar siempre a mi lado apoyándome, llenándome de confianza y haciendo que la vida sea más bonita cada día.

Y le debo las gracias más gigantes del mundo a mi madre, que desde que me vio coger un ganchillo se convirtió en mi mayor apoyo y fan incondicional. Estaremos juntas para siempre en este libro.